백기호 목사가 전하는

생명의 샘

백기호 목사의 다른 책들:

동산의 샘 2025
축복의원리 42, 종려가지, 2023
주님의 소리, 종려가지, 2023
복음의 소리, 종려가지, 2023
큰 나팔의 소리, 종려가지, 2023
탄식의 소리, 종려가지, 2022
세미한 소리, 종려가지, 2022
하늘의 소리, 종려가지, 2021
성령의 소리, 종려가지, 2021
광야의 소리, 종려가지, 2021
딱! 100일만 성령님과 동행합시다, 종려가지, 2020
바벨론과 새 예루살렘, 소리, 종려가지, 2019
보혜사의 축복을 받자, 종려가지, 2019
하나님의 예비하신 것, 종려가지, 2018
복음의 7대 연합, 7대 명절의 축복, 종려가지, 2018
매일 양식을 나누어 주는 자, 종려가지, 2018
성령의 나타남 10주제, 종려가지, 2018
이름 없이 빛도 없이

백기호 목사가 전하는 **생명의 샘**

1판 인쇄일 2025년 1월 25일
1쇄 발행일 2025년 2월 4일

지은이 _ 백기호
펴낸이 _ 한치호
펴낸곳 _ 종려가지
등 록 _ 제311- 2014000013호(2014. 3. 21)
주 소 _ 서울특별시 은평구 은평로 14길 9 - 5
전 화 _ 02. 359. 9657
디자인 _ 표지 이순옥/ 내지 구본일
제작대행 세줄기획(02.2265.3749)
영업(총판) 일오삼 전화_ 02. 964.6993 팩스 2208.0153

값 15,000 원

ISBN 979-11-90968-95-9

예수보혈의 생수를 마심으로
성결과 거룩함을 입어
영생을 누릴 수 있는
주님의 순결한 신부가 되자

백기호 목사가 전하는

생명의 샘

문서사역
|종|려|가|지|

머리말

잠14:27. "여호와를 경외하는 것은 생명의 샘이라 사망의 그물에서 벗어나게 하느니라".

'샘 시리즈' 두 번째 책을 출판하게 하신 주 예수님께 감사와 찬양을 드립니다.

이 책을 대하는 모든 이에게 주님을 사랑하는 마음, 주님의 말씀을 이해하는 마음, 주님의 뜻하는 의도를 깨달아 알아가는 시간이 되시기를 기원합니다.
부족하지만 조금 먼저. 그리스도를 배우고 믿고 살아 온 종이 사랑하는 그리스도인들에게 신앙의 길잡이. 안내서가 되었으면 합니다.

서울특별시 934만 3,304명이 한강의 물을 마시며 살아갑니다.
한강의 생명수는 강원도 태백시 창죽동 대덕산(大德山) 검룡소(儉龍沼)에서 발원한 남한강은 남류하면서 평창강(平昌江) · 주천강(酒川江)을 합하고 단양을 지나면서 북서로 흘러 달천(達川) · 섬강(蟾江) · 청미천(淸渼川) · 흑천(黑川)과 합친 뒤 양수리에서 북한강과 합류한다. 양수리에서 북한강과 남한강을 합류한 한강은 계속 북서 방향으로 흐르면서 왕숙천(王宿川) · 중랑천(中浪川) · 안양천(安養川) 등의 소지류를 합류하여 김포평야를 지난 뒤 황해로 들어갑니다.

여호와를 경외 하는 것은 히브리어로 “이르아” 인데, “경외하는, 존경하는, 경배하는”을 뜻하는 “야레” 에서 유래한 것으로 “두려워함, 무서워함”을 뜻합니다.

생명은 히브리어로 “하이” 인데 “살다, 호흡하다” 을 뜻하는 “하야” 에서 유래 한 것으로“살아 있는, 생존하는, 생기 있는, 소생하는 것”을 말합니다.

샘은 히브리어로 “마코르” 인데“물이 나오게 하다, 발하다, 솟쳐내다” 을 뜻하는 “쿠르” 에서 유래한 것으로 “샘, 우물, 근원, 출처, 수원”을 뜻합니다. 즉 생명의 샘이란“샘에서 물이 항상 흘러나와 그것을 마시는 자들의 마음을 시원케 하고, 갈증을 해소하여 새로운 힘과 용기를 얻는 것과 동일시하였습니다,

잠언에는 이 말씀이 다음과 같이 4회 기록되어 있습니다.

① 의인의 입에서 나오는 말씀(잠 10:11)

② 지혜 있는 자의 교훈(잠 13:14)

③ 하나님을 경외하는 것(잠 14:27)

④ 명철한 자의 명철(잠 16:22)

주님 자신이 생명이십니다. 그러기에 주님을 날마다 마시고 먹고 주님으로 만족함을 얻어야 합니다.

마코르, 샘. 근원. 수원. 물의 '샘'.

① 비유적으로 여호와는 생수의 샘이며(렘 2:13, 렘 17:13), 생명의 샘은 주께 있습니다(시 36:10).

의인의 입(잠 10:11), 지혜자의 교훈(잠 13:14), 여호와를 경외하는 것(잠 14:27),

명철(잠 16:22)은 생명의 샘이며, 지혜자의 샘은 솟쳐 흐르는 내와 같습니다.(잠 18:4)

② 슥 13:1에서 정화의 샘을 언급합니다. "그 날에 죄와 더러움을 씻는 샘이 다윗의 족속과 예루살렘 거민을 위하여 열리리라."

③ 잠 25:26에서 의인이 악인 앞에 굴복하는 것은 샘이 더러워지는 것과 같습니다.

④ 비유적으로 생명과 용기의 근원(호 13:15, 렘 51:36), 국가의 기원, 근원(시 68:26), 기쁨의 근원(잠 5:18, 아내에 대해)을 묘사합니다.

사람이 밥이나 빵이나 떡으로 살 것이 아니라 하나님의 생명의 샘에서 솟아나는 생수를 통하여 복 있는 성도가 되어야 합니다. 주의 말씀을 주야로 묵상하고 곱씹으며 말씀의 비밀이신 그리스도를 배우는 신령한 영적사람이 되어야 합니다.

현대인들에게는 시간이 돈이라지만 돈보다 더 귀한 매일의 영의 양식을 놓치고 주의 말씀을 잊어버리면 노아의 후손들이 시날평지 바벨탑을 쌓듯이 자기를 위하여 아성을 쌓고, 하나님의 신앙을 저버리고 자신들의 이름을 위하여 살다가 심판을 받게 되었습니다.

헛되고 헛된 인생을 살다가 후회하는 어리석은 부자가 되지 마시고,

오늘을 살아가는 우리에게 가장 우선순위가 말씀을 읽고 듣고 행하는 훈련을 통하여, 반석 위에 믿음의 집을 짓는 것입니다.
금이나 은이나 보석으로 우리들의 집이 불에 타지 않는 견고한 집. 저마다 집을 잘 짓고 잘 지어야 합니다.
주님은 생명의 샘입니다. 마르지 않는 샘입니다. 솟아나는 샘입니다.

요 7:38-3, /"이는 그를 믿는 자의 받을 성령을 가리켜 말씀하신 것이라 (예수께서 아직 영광을 받지 못하신 고로 성령이 아직 저희에게 계시지 아니하시더라)"

너희가 믿을 때에 성령을 받았느냐? 바울 사도의 질문입니다. 이 질문은 나에게 우리에게 한국교회 들에게 지금도 생생한 비수와 같은 질문이어야 합니다.
그리스도의 영이 없으면 그리스도인이 아닙니다.
오늘도 성령의 교통하심과 감동하심과 역사하심이 계속적으로 주님이 오시는 그날까지 우리 속에서 기름을 부으시기를 축복합니다.

2025. 1. 7.

강원도 평창에서

지극히 작은 자보다 더 작은 자

백기호 목사

차 례

생명의 샘
– 구약 메시지

생명의 샘

– 신약 메시지

백기호목사가전하는

생명의 샘

구약 메시지

두려워 말라

창 15:1,
이 후에 여호와의 말씀이 이상 중에 아브람에게 임하여 가라사대 아브람아 두려워 말라 나는 너의 방패요 너의 지극히 큰 상급이니라.

히 13:6,
그러므로 우리가 담대히 말하되 주는 나를 돕는 이시니 내가 무서워하지 아니하겠노라 사람이 내게 어찌하리오.

- 나는 두려워하지 않습니다.

지금, 무엇 때문에 두려워하고 있습니까? 나는 아무것도 없고 아무도 나를 도울 수 없다며, 불안과 두려움에 떨고 있습니까? "내가 결코 너희를 버리지 아니하고"라는 하나님의 말씀을 따라 "주께서 나의 도움이시니 내가 두려워 아니하리라."라고 선포하십시오.
무엇을 두려워하고 염려하기보다는 하나님의 언약에 말씀을 붙드십시오.

요 14:1/ "너희는 마음에 근심하지 말라 하나님을 믿으니 또 나를 믿으라."

우리 인생길에 악한 일이나 잘못된 일이 발생해도 상관이 없습니다. 그 이유는 주께서 "내가 너희를 결코 떠나지 아니하리라" 라고 약속하셨기 때문입니다.
만일, 좌절과 두려움을 느끼는 것은 하나님 말씀을 붙들지 못하고 자신의 생각에 빠져 있다는 증거입니다.
'주는 나의 돕는 자'이심을 선포하며 골리앗 앞에 선 소년 다윗처럼 언약의 말씀 붙잡고 믿음으로 담대하게 오늘을 시작하십시오.

승리는 오직 하나님께 있으며 승리자이신 그분이 함께 하시기에 우리는 이미 승리가 보장된 이기는 싸움을 싸우고 있습니다. 언약 가진 자는 반드시 승리합니다.

수 1:9/"내가 네게 명한 것이 아니냐. 마음을 강하게 하고 담대히 하라 두려워 말며 놀라지 말라 네가 어디로 가든지 네 하나님 여호와가 너와 함께 하느니라 하시니라."

승리는 내 것일세 / 구세주의 보혈로써 / 승리는 내 것일세.
우리의 싸움은 이기기 위한 싸움이 아니라 이겨놓으신 싸움입니다.

롬 8:37/"그러나 이 모든 일에 우리를 사랑하시는 이로 말미암아 우리가 넉넉히 이기느니라."

오늘 이 하루도, 이 한 주간에도 주님과 동행하면서 주님의 풍성한 은혜를 누리실 것입니다.

코람 데오

창 17:1,
아브람의 구십 구세 때에 여호와께서 아브람에게 나타나서 그에게 이르시되 나는 전능한 하나님이라 너는 내 앞에서 행하여 완전하라.

- 하나님 앞에서

그대의 생각, 말과 행동은 하나님과 나 자신과 사람 앞에서 얼마나 진실하고 성실하며 정직하다고 생각하십니까?
성경을 보면, 그 어떤 이방인이라도 하나님의 사랑을 깨달으면 자신의 전통과 허물, 수치를 벗고 회개하고 하나님 앞으로 돌아왔습니다. 니느웨 도성 사람들이 제멋대로 살다가 요나의 설교를 듣고 한꺼번에 회개하는 모습처럼 말입니다.
그런 의미에서는, 차라리 하나님을 믿지 않고 대적하는 사람은 회개할 가능성이 더 많아 보입니다.

라틴어로 '하나님 앞에서'라는 숙어에 들어있는 의미는 하나님이 사람과 함께한다는 뜻인 임재를 나타내고, 사람에게 보이려고 종교행위를 한다는 뜻인 외식의 반대 의미를 나타내는 단어로 성경 곳곳에 나오는 단어입니다.
'하나님 앞에서'는 칼빈과 사도 바울의 좌우명이기도 했으며, 종교적 부패에 대한 반발로 일어난 루터의 종교개혁에서 주창되었습니다. 종교개혁 때 대두된 표어인 다섯 솔라의 토대가 되는 요소였으며, 현재의 개신교 교회에서도 자주 나오는 구호이며 개신교인들이 가장 좋아하고 가슴에 새기려고 노력하는 문장 중 하나입니다.

그러나 하나님이 보시기에 그들보다 더 골치 아픈 사람들이 있습니다. 신앙생활을 한다며 다른 사람을 열심히 가르치면서, 사실은 하나님을 이용하여 자기의 사리사욕만을 챙기며, 하나님께서 기뻐하시지 않는 일들을 몰래 숨어서 하는 바리새인들입니다. 그들이 사람은 속일 수 있어도 하나님은 절대 속일 수 없습니다.

그들의 특징은 '불순종'과 '거역'입니다.
성경을 가지고 다른 사람은 가르치면서 자신들은 '돈'(맘몬)을 숭배합니다. 이기심과 탐욕, 음란, 호색에 빠져 멀쩡한 집을 놔두고 뒷골목에서, 무덤 안에서 생활합니다.

죄를 안 짓는 척하면서 숨어서 죄를 짓기 때문에 하나님은 더 큰 배신감을 느끼십니다. 하나님은 전지(全知)하십니다. 우리의 관한 모든 것을 아십니다. 사람은 속일 수 있지만 하나님은 절대 속일 수 없습니다.

하나님과 자신과 사람 앞에서 정직하게 행하고 마음과 생각, 말, 행동을 늘 하나님 앞에서 점검하십시오. 이것이 올바른 그리스도인의 삶입니다.

롬 10:21/"이스라엘에 대하여 이르되 순종하지 아니하고 거슬러 말하는 백성에게 내가 종일 내 손을 벌렸노라 하였느니라."

보라 지금은 은혜 받을 때요 구원의 날이라.
오늘의 의미를 아십니까? 하나님과 만남을 통하여 주님이 주시는 은혜를 받고, 주님 앞에서 은혜를 누리게 하는 최고의 기회가 바로 오늘입니다. 오늘을 놓치면 최후의 부활과 함께 심판하는 그 자리 앞에서 심히 통곡하며 회개해도 기회는 오지 않습니다.

예수님은 우리의 구원자이시오, 최후에 심판자이십니다. 사람의 눈치를 보지 않고, 하나님과 나와의 일대일 지구촌 어느 곳에 있든지 그분 앞에서 경건하게 살아가기를 축복합니다.

나그네의 길

창 47:9,
야곱이 바로에게 고하되 내 나그네 길의 세월이 일백 삼십년 이니이다. 나의 연세가 얼마 못되니 우리 조상의 나그네 길의 세월에 미치지 못하나 험악한 세월을 보내었나이다 하고

- 사람은 과연 어디에서 시작되었고, 이렇게 살다가 어디로 갈까요?

야곱은 애굽의 바로 왕 앞에서 자신의 인생길을 짤막하게 이야기 하면서 인생은 나그네임을 고백하고 신속하게 지나가는 시간임을 고백하고 험악한 세월을 이야기 합니다.

인생은 나그네길 / 어디서 왔다가 어디로 가는가?
어느 가수는 평생 이 노래만 부르다 그 답을 찾지 못하고, 방황하다가 세상을 떠나 갔습니다.

인생의 시작은 하나님께로부터 시작되었고 이 땅에서 사명이 다하면 육신은 흙으로 그의 영혼은 다시 하나님께로 돌아갑니다.(전 12:7)

그 하나님께 돌아가는 길이 바로 예수 그리스도이십니다.(요 14:6)
예수를 믿음으로 구원받은 성도는 하나님이 주신 생명과 시간과 맡겨 주신 달란트를 가지고, 그분의 나라와 뜻을 이루며 하루, 하루를 충실히 살아야 합니다.

시 119:54/"나의 나그네 된 집에서 주의 율례가 나의 노래가 되었나이다."

오늘이 바로 내 인생에 처음이자 마지막이라는 사실을 알고, 잠시도 소홀히 하지 말고 믿음 안에서 충실하게 말입니다. 아무리 좋은 계획을 세워도 그것을 충실하게 실천하는 것이 중요하듯이 오늘을 충실하게 살 때 성공하는 인생을 만들 수 있습니다. 내일을 모르는 인생은 세상에서 가장 어리석은 인생입니다.

약 4:14/"내일 일을 너희가 알지 못하는 도다 너희 생명이 무엇이뇨 너희는 잠간 보이다가 없어지는 안개니라."

그대는 잠시 세상에 나그네로서, 떠나야 할 제한된 인생을 살면서 정함이 없는 세상에 마음 빼앗기지 말고 늘 영원한 천국을 바라보며 오늘의 말씀과 기도, 전도로 내일을 준비하는 지혜 있는 자가 되시기를 기도합니다.
예수님은 우리의 인생의 나그네 길의 안내자요. 가이드요. 영원한 목자가 되십니다.

요 14:6/"예수께서 이르시되 내가 곧 길이요 진리요 생명이니 나로 말미암지 않고는 아버지께로 올 자가 없느니라."

기호 곁에 진을 치라

민 2:1-2,

1, 여호와께서 모세와 아론에게 말씀하여 이르시되

2, 이스라엘 자손은 각각 자기의 진영의 군기와 자기의 조상의 가문의 기호 곁에 진을 치되 회막을 향하여 사방으로 치라.

- 신앙의 본분을 망각하지 않는 본질에 충실한 세상과 구별된 삶을 살아야 합니다.

오늘날, 우리들이 이 세상에 살면서 신앙인이라 하면서도 구별 없이 세상 사람과 거의 동일한 삶을 삽니다. 신앙인으로서 잠자고 밥 먹고 일하고 사람들을 만나고 대화하고 즐기고 놀며 세상 사람들과 다를 바가 없는 듯 보입니다. 그럼에도 불구하고 신앙인들은 세상 사람과 다르다고 합니다.

그렇다면 그 다른 점이 무얼까요?

성자 안토니오는 자기의 가산을 다 나눠 가난한 사람을 주고 굴속에 들어가 은둔생활로 고생하였습니다.

하루는 하늘에서 소리가 들려오기를,
"안토니오야, 네가 아무리 경건하게 살고자 하지만 알렉산드리아에서 헌 신을 고치는 노인만 못하다." 하는 말이었습니다. 그래서 안토니오는 곧 알렉산드리아로 가서 신 고치는 노인을 방문했습니다.
노인은 성자가 오므로 반가이 환영해 드렸습니다.
안토니오는 노인에게 물었습니다.
"노인께서는 어떤 방식으로 살아가십니까?"
노인이 대답하기를, "우리는 생활이 가난하므로 매일 신 고치는 것으로 생활비를 삼고, 저녁에는 가정예배를 드리고, 아이들에게 하나님 공경하는 법을 배워주는 것으로 과정을 삼습니다."
라고 할 뿐이었습니다.

그리스도인들의 청빈과 경건은 불가분리의 삶입니다. 그리고 세상과는 너무나 다릅니다. 그것들 중에 대표적인 것을 생각하려 합니다.

1. 하나님을 중심으로 사는 삶

성도들은 세상적 지식이나 재물, 직업, 명예 등 세상의 가치들이 아니라 하나님을 중심으로, 하나님의 영광을 위한 삶을 사는 것이 전혀 다릅니다.

빌 2:5/"너희 안에 이 마음을 품으라. 곧 그리스도 예수의 마음이니"

2. 하나님 나라를 향한 삶

신앙인은 최종적 삶의 목적지인 하나님 나라에 이를 때까지 변하지 않는 믿음으로 정진하는 삶을 사는 것이 다릅니다. 성도에게 이 세상은 하늘나라를 향한 순례의 길입니다. 나그네 길입니다.

빌 3:14/"푯대를 향하여 그리스도 예수 안에서 하나님이 위에서 부르신 부름의 상을 위하여 좇아가노라."

3. 사랑하며 이해하며 십자가를 지는 삶

성도들 간에 같은 목표를 향해 가면서 서로 돕고, 합력하며, 사랑을 나눔으로써 그리스도의 한 지체를 경험합니다. 유기적인 관계 가운데, 세상에서 십자가를 지고 관용의 삶을 사는 것이 전혀 다릅니다.

행 2:46-47/"날마다 마음을 같이 하여 성전에 모이기를 힘쓰고 집에서 떡을 떼며 기쁨과 순전한 마음으로 음식을 먹고 하나님을 찬미하며 또 온 백성에게 칭송을 받으니 주께서 구원 받는 사람을 날마다 더하게 하시니라."

신앙인은 자신이 사는 것이 '내가 사는 것'이 아닙니다. 내가 사는 것은 창조주 하나님으로 사는 것이고, 그로 인하여 유지되고 그리고 인도함을 받습니다.

그러므로 내 목숨은 내 것이 아니라 창조주 하나님의 것입니다. 나의 범사에 모든 것은 창조주 하나님의 운행 가운데 있습니다. 인생들의 생사화복의 모든 주권자는 창조주 하나님이십니다.

그런즉 창조주 하나님의 자녀다운 자녀의 삶으로, 세상과 구별된 신실하고 멋지고 독특한 그리스도인으로서 더욱더 그 본질과 본분에 충실한 인생여정이 되기를 예수님의 이름으로 축복합니다.

원하며, 원하며, 원하노라

민 6:24-26,

24. 여호와는 네게 복을 주시고 너를 지키시기를 원하며

25. 여호와는 그 얼굴로 네게 비취사 은혜 베푸시기를 원하며

26. 여호와는 그 얼굴을 네게로 향하여 드사 평강주시기를 원하노라 할지니라 하라.

- 복은 복의 원천이 되시고 근원이 되시는 하나님 여호와께서 주셔야 참 복을 누리게 됩니다.

복을 주시고 은혜주시고 평강주시기를 원하시는 참 좋으신 복의 근원이신 하나님은 우리에게 언제나 복 주기를 원하십니다. 여기에서 다만 주의할 것은 그 복이 여호와께로부터 주어진다는 사실을 한시도 잊어서는 안 됩니다.

더 나아가 하나님의 백성에게 복은 '여호와 하나님의 자체'라습니다. 하나님은 우리의 분깃이요 기업이요 상급이요 영광입니다. 하나님은 모세를 통하여 제사장들에게 백성을 위하여 축복하라고 말씀하십니다. 축복은 제사장이 하고, 복은 하나님 여호와께서 주십니다.

1. 지키심의 복

낮에는 뜨거운 태양이 내리쬐고 밤에는 견딜 수 없는 추위가 닥쳐오고 온갖 위험이 생명을 위협하는 광야 길을 가는 그들에게 하나님은 '내가 너희를 보고, 보호하고, 지키겠다.'고 말씀하십니다.

지금 우리에게도 동일하게 복 주시는 하나님은 우리를 괴롭히는 경제적 곤란이나 질병으로 인한 육체적 고통, 성도를 유혹하는 사탄의 시험에서 온전한 믿음을 지키도록 지금부터 영원까지 지켜주겠다고 말씀하십니다.

2. 은혜를 베푸시는 복

당장 먹을 양식은 물론 광야에서 절대적으로 필요한 물도 없는, 하나님의 은혜가 아니고는 생명을 보전하기도 불가능한 상황입니다.

하나님은 그들의 기도를 들으시고 때를 따라 돕는 은혜로 먹이고 목마름을 면하게 해 주겠다고, 부족할 때 채우고 필요할 때 공급하는 은혜를 베풀겠다고 말씀하십니다.

3. 평강의 복입니다

430년 동안 살던 애굽을 떠났지만 아직 약속의 땅인 가나안에는 들어가지 못하고 황량한 광야 길을 걷고 있는 이스라엘 자손의 마음에는 불안만이 가득하였을 것입니다. 그런 그들에게 선한 목자이신 하나님은 세상이 줄 수 없는 평강으로 인도해 주겠다고 말씀하십니다.

참되고 영원한 평강을 주겠다고 하십니다.

어지럽고 불안한 세상을 살아가는 오늘 우리에게도 그때처럼 복을 경험합니다.

지키심의 복
은혜 베푸심의 복
평강의 복

이 복이 함께 합니다. 그러기에 우리는 좁은 길을 걸으면서도 밤낮 기뻐할 수 있기를 소망합니다.

- 우리를 지키시고, 은혜를 베푸시며, 평강을 주시는 복의 근원이신 하나님, 감사합니다. 무지했던 삶에서 새로운 삶으로 일깨우고, 절망과 죽음의 문턱에 서 있는 자를 새로운 소망의 길로 인도하시는 하나님을 신뢰하고 의지하며 살아가게 하옵소서.
예수 그리스도의 이름으로 축복합니다.

하나님이 보호하사 대한민국 만세

신 28:1,
네가 네 하나님 여호와의 말씀을 삼가 듣고 내가 오늘날 네게 명하는 그 모든 명령을 지켜 행하면 네 하나님 여호와께서 너를 세계 모든 민족 위에 뛰어나게 하실 것이라.

- 평균 IQ가 한국인이 세계 최고입니다.

1960년대까지는 세계에서 가장 우수한 두뇌를 가진 민족으로 유태인을 꼽았습니다. 그 이유는 세계사에 동양인이 제대로 등장하기 이전이었기 때문입니다. 유태인이 서양사에 등장하여 유럽의 재계(財界)를 장악한 '로스차일드' 가문이나 세계 다이아몬드 시장의 90%를 100년 동안 장악했던 '오펜하이머'가문이 바로 대표적인 예입니다.

그런데 일본에 이어 대한민국과 중국의 경제발전이 가속화되면서 평균적인 국민 두뇌를 다시 평가한 결과, 한국 민족이 1위를 차지하였고, 유태 민족이 훨씬 뒤쳐지는 것으로 나타났습니다. 미국 버클리대 일라이자 교수는 세계에서 평균 IQ가 한국인이 세계 최고인 이유를 다음의 5가지로 꼽고 있습니다.

1. 젓가락 문화

전 세계에서 젓가락을 사용하는 민족은 한국, 일본, 중국 그리고 베트남뿐입니다. 중국, 일본, 베트남은 젓가락으로 밥이나 음식을 입 안으로 밀어 넣는 역할만을 하는데 반하여 우리는 음식물 하나하나를 집어 먹는데 사용합니다.

콩알도 젓가락으로 집을 수 있고, 심지어 명란젓 알갱이도 하나하나를 집을 수 있습니다. 손가락 신경의 발달은 두뇌신경 발달에 엄청난 영향을 준다고 합니다. 우리는 어린 시절부터 손가락 신경의 발달로 엄청난 손재주를 타고 납니다. 이로 인해 두뇌가 어린 아이 때부터 크게 발달합니다.

2. 한글의 우수성

한글의 우수성은 국제사회가 인정하고 있습니다. 우선 배우기가 쉽습니다. 머리 좋은 사람은 하루면 한글을 깨우칠 수 있으며 평균인들도 닷새면 배울 수 있습니다. 한글의 우수성은 모든 소리를 거의 다 표현할 수 있으며 숫자 표기에도 나타납니다. 한글은 일, 이, 삼, 사, 오, 육, 칠, 팔, 구, 십인데 영어는 원, 투, 쓰리, 포, 파이브, 식스, 세븐, 에이트, 나인, 텐입니다. 수의 단위가 높아질수록 그 표현의 차이는 엄청 납니다.

프랑스어의 경우에, 숫자 표현의 복잡성은 한술 더 뜹니다. 일본어나 중국어에 비해 일단 컴퓨터에 앉으면 문자 생성의 속도가 7배에 달합니다. 즉 일본과 중국인이 열심히 과학기술 논문 100페이지를 작성할 때, 한국인들이 한글로 워딩하면 700페이지를 작성합니다.
과학기술이 산술급수적으로 되는 것은 아니지만, 그 생산성이 누적되면 말로 다 설명할 수 없을 만큼 높아집니다.

3. 기후와 지세(地勢)

지형적인 위치로 가장 두뇌가 발달되는 지역은 4계절이 뚜렷한 곳이라는 사실은 이미 잘 알려져 있습니다. 더울 때 덥고, 추울 때 추운 곳이 가장 살기 좋은 곳입니다. 그렇다고 너무 덥거나 너무 추워도 좋지 않습니다.
특히 산동 반도에서 시작하는 동북아 지역은, 모든 식물들이 맛과 영양과 약효성이 뛰어납니다. 그래서 중국산 약재보다 한국산 약재가 더 비싸고 품질이 우수합니다. 우리의 인삼이 타의 추종을 불허하는 이유가 여기에 있습니다. 그만큼 땅의 지기(地氣)가 좋기 때문입니다. 지기가 좋은 곳에서 우수한 두뇌도 만들어집니다.

4. 높은 교육열과 근면성

높은 교육열로 인해서 한국에는 아무리 못 배운 사람이라도 누구나 의사표현을 글로써 전달할 수 있습니다. 이로 인해 단위 시간당 주어진 정보전달 능력과 정보 처리속도는 가장 빠르고 정확합니다. 한국 엄마들의 자녀 교육에 대한 열정은 타의 추종을 불허 합니다.
미국에서 한국인이 운영하는 슈퍼마켓에 가면 줄 서 있는 사람을 볼 수 없습니다. 장사가 안 되어서가 아니라, 손님이 결재할 때 카드나

현금을 내면 거스름 돈 계산이나 처리시간이 순식간에 끝나기 때문입니다.

1992년 미국 LA 법정에서 LA 한인 타운의 한국인들을 대상으로 재판이 진행되고 있었습니다. 원고는 유태인들이었습니다. 미국과 유럽 등지에서 생선유통, 식료품유통에 많이 진출했던 유태인들은 LA에 진출한 한국인들 때문에 도저히 사업을 할 수 없어서 한국인들을 상대로 소송을 제기했다고 합니다.
유태인들이 새벽 5시에 싱싱한 생선과 채소를 구입하고자 도매시장에 가면, 한국인들은 새벽 4시에 나와 있었습니다. 유태인들이 새벽 4시에 나오자 한국인들은 새벽 3시에 나와서 줄을 섰습니다. 유태인들도 새벽 3시에 나오자 한국인들은 전날 밤에 담요를 들고 나와서 미리 죽치고 앉아 있어 도저히 경쟁을 할 수 없었습니다.
질려버린 유태인들은 이들 한국인 '노란 원숭이'들 때문에 도저히 사업을 할 수 없다고 공정거래법 위반으로 미국 지방법원에 소송을 제기했습니다. 결과는 패소였습니다. 한국인들이 해외로 진출해서 부지런함으로 남 보다 빨리 성공할 수 있었을 것입니다.

5. 근친혼의 금지

동물의 근친 교배 또는 가까운 일족 간의 결혼이 유전적으로 DNA에 상당한 문제를 일으킨다는 것은 이미 널리 알려진 사실입니다.
일본에서는 오누이 간에도 결혼이 가능할 정도이고, 아랍계인 경우 사촌간의 결혼은 거의 당연시되고 있으며, 심지어 '種(종)의 기원' 으로 유명한 찰스 다윈도 사촌과 결혼했다고 합니다.

그러나 법 이전부터 한민족은 관습적으로 근친결혼을 예부터 엄격히 금지하고 있으며 사돈의 팔촌이라도 먼 친척이 된다고 하여 결혼하지 않습니다. 근친혼이 금기시되는 한국 사람이 인종적으로 우수할 수밖에 없는 것은 너무도 당연한 결과입니다.

평탄하고 형통하라

수 1:8,
이 율법책을 네 입에서 떠나지 말게 하며 주야로 그것을 묵상하여 그 안에 기록된 대로 다 지켜 행하라 그리하면 네 길이 평탄하게 될 것이며 네가 형통하리라.

- 형통평안의 복된 생명의 길과 고난과 환난, 멸망의 길을 분별하여 인생여정을 선택해야 합니다.

인생여정이 형통의 길이어야 하는데, 다 형통한 길이 아닌 것을 보고 가슴이 아파옵니다. 그런즉 우리들 인생여정에 더욱더 길을 새롭게 교정하지 않으면 안 될 것입니다. 인생여정에 길을 잘못 들면 전혀 엉뚱한 방향으로 인생이 가고, 그 삶은 목적지를 찾지 못하고 헤매고야 마는 것은 참으로 안타까운 일이 아닐 수 없습니다.
자신의 삶의 길을 바르게 선택하고 긍정적인 방향으로 잡아야만 모든 범사에 자신감을 잃지 않고 믿음과 비전과 형통의 길을 갈 수 있습니다. 그런즉 지금 걷고 있는 그릇된 인생길의 삶을 올바르게 수정만 하면 불행의 삶이 불행으로 끝나는 일은 결코 없습니다.

악성 베토벤(Ludwig van Beethoven)은 몸이 너무 허약하여 1827년 4번째 수술을 받았고, 13살에 부모를 잃고, 17살에 동생 양육을 책임을 지게 되고, 귀머거리 되고, 늑막염으로 고통을 당하게 되는 등 수없는 불행이 그를 감싸고 있었습니다. 그러나 그는 고통의 삶 중에도 오히려 친구들에게, "불행 중 행복을 찾아라. 불행에는 반드시 좋은 일이 따르는 법이다."라고 격려를 잃지 않았답니다.

발명왕 에디슨(Thomas Alva Edison)은 청각장애자가 되었을 때, "내가 듣지 못하게 되었으므로 감사한다. 왜냐하면 연구할 때 잡음이 들리지 않아 연구에만 몰두할 수 있기 때문이다."하고 했답니다.

우리에게도 오직 창조주 하나님을 향하여 부르짖고, 하나님을 찾고, 하나님 말씀대로 행하며, 하나님만 향하는 삶의 범사가 되기를 바랍니다. 우리의 삶에 가장 분명한 것은 창조주 하나님께서 우리의 인생 여정을 주관하시며, 모든 생사화복이 그분께 있습니다.

그대의 형통은 창조주 하나님에게 있습니다. 그대의 형통은 음양오행에 의하여 운 좋게 결정되는 사주관상의 주술적 샤머니즘에 있는 것이 아니라 창조주 하나님에게 있습니다.
창조주 하나님께서 말씀하십니다. "이 율법 책을 네 입에서 떠나지 말게 하며 주야로 그것을 묵상하여 그 안에 기록된 대로 다 지켜 행하라 그리하면 네 길이 평탄하게 될 것이며 네가 형통하리라."
입술에서 하나님의 말씀이 떠나지 않게 하십시오.

부정은 부정을 부릅니다.
긍정은 긍정을 부릅니다.
은혜는 은혜를 부른 답니다.

하나님의 말씀의 묵상은 단순한 세상 것을 명상을 하는 것이 아닙니다. 창조주 하나님의 살아있는 말씀이 진실로 깊게 묵상되어 주님의 은혜와 진리와 성령이 나에게 충만하게 부어지는 가운데 그 복을 받고 누립니다.

성경에 기록된 창조주 하나님의 말씀을 오늘 나 자신에게 들려주시는 음성으로 받아들일 때, 그리고 창조주 하나님 말씀대로 세상에 그릇되고 망령됨과 하나님이 진노하실 동성 간의 음행과 우상숭배를 버리고 주의 말씀 따라 삶을 살 때, 하나님은 가장 사랑하십니다.

창조주 하나님의 말씀에 나오는 모든 것을 주의 깊게 살펴보고, 주의 말씀대로 살아갈 때 주님은 그런 자의 인생여정을 축복하시며 복되게 인도하십니다. 창조주 하나님은 성경말씀에 귀를 기울이고, 성경말씀에 순종하고, 그 말씀을 따라 사는 인생을 가장 사랑하십니다. 또한 하나님 말씀을 따라 사는 자에게 주님은 은혜를 부어주시며, 항상 모든 범사가 형통하고 번성하며 성공적인 삶, 승리의 삶을 살게 하십니다.

영육 간의 인생여정이 형통하려면 더욱더 밤낮으로 창조주 하나님의 말씀을 묵상하십시오. 더욱더 입술로 창조주 하나님의 말씀을 계속 말하십시오. 성경이 당신에게 말씀하시는 모든 것을 실생활에서 더욱더 행하십시오. 그리고 매순간마다 "나는 성경을 삶의 범사에 실천하며 살 거야." 라고 외치며 세상 그릇된 길을 버리고, 주님의 옳은 길을 택하여 담대히 전진하시기를 바랍니다.

말씀공부와 묵상을 다한 후에 하나님의 말씀을 입으로 매순간 계속 암송하며, 하나님께서 하라고 하시는 말씀을 따라 행하면, 인생여정에 형통은 받아놓은 당첨된 로또 이상이란 사실입니다.

삶의 범사가 형통하길 축복합니다. 그런즉 여호수아에게 주신 말씀이 그리고 모든 성경 말씀이 바로 우리를 향하신 하나님의 약속된 축복이요 매일매일 사용할 수 있는 보증수표임을 한시도 잊지 말아야 할 것입니다. 하나님의 말씀과 기도와 찬송 가운데, 세상 망령된 길을 버리고 주의 옳은 길을 택하여 실천하고 나아가시기를 예수님의 이름으로 축복합니다.

모든 백성은 아멘 하라

대상 16:36,
여호와 이스라엘의 하나님을 영원부터 영원까지 송축할지로다 하매 모든 백성이 아멘 하고 여호와를 찬양하였더라.

- 하나님의 뜻에 순종하고 복종하는 신앙(순종신앙)이어야 합니다.

목사와 평신도를 비교 연구한 결과, 평신도보다 목사에게서 아멘의 횟수가 적었다고 나왔다고 합니다. 목사님들, 더욱 많이 회개하고, 아멘 하여 하나님께 영광을 돌리시기를 바랍니다.

우리는 하나님의 뜻이라면 무조건 순종하는 자가 되어야 합니다. 이것이 나에게 어떤 유익이 있냐는 이해타산을 따지면 안 됩니다. 하나님의 뜻이라면 우리의 생명과 모든 정성을 다 바쳐서 순종해야 합니다. 그래서 모든 사물 마다 우리는 하나님의 눈으로 보고 하나님의 심정으로 사물을 해석하고 순종하는 믿음을 가져야 합니다.

하나님께서 성도로부터 가장 기뻐하시는 일은 순종(삼상 15:22)입니다.

우리는 어떤 이해타산 때문에 신앙과 양심과 인격을 저버리고 사람 앞에 쉽게 굴복해서는 안 됩니다. 순종에는 “들어주고 따라주고 복종한다.”는 뜻도 있습니다.

우리는 하나님의 말씀을 들어야 합니다. 우리는 하나님에 대해서 항상 귀를 기울여야 합니다. 언제든지 하나님의 부르심에 대답할 수 있는 자세가 준비되어 있어야 합니다. 하나님의 말씀에 순종하기를 기뻐하시기 바랍니다.

자신 뜻에 순종하지 말고, 자기 고집을 다 꺾어 버리고, 자기의 원하는 것을 쳐서 주께 복종 시켜야 합니다. 하나님은 순종하는 자에게 많은 복을 약속했습니다.

히 11:8/“믿음으로 아브라함은 부르심을 받았을 때에, 순종하여 갈 바를 알지 못하고 나갔으며”

아브라함은 ‘아멘’하고 즉시 순종했습니다. 그 결과, 하나님께서 그에게 믿음의 조상이 되고, 복의 근원이 되게 해 주셨습니다.

하나님의 지시를 아멘으로 즉각 순종하면 하나님이 아브라함에게 책임을 져주셨듯이 오늘 우리에게도 하나님께서 책임을 져주십니다.

신 15:4/“네가 만일 네 하나님 여호와의 말씀만 듣고 내가 오늘날 네게 명하는 그 명령을 다 지켜 행하면 네 하나님 여호와께서 네게 유업으로 주신 땅에서 네가 정녕 복을 받으리니, 너희 중에 가난한 자가 없으리라.”

가인과 아벨의 신앙의 차이가 무엇입니까? 아멘 신앙의 여부로 예배가 열납 되는 여부가 결정됩니다. 신앙은 하나님의 말씀을 따라 시키는 대로 순종합니다. 제멋대로 자기 기분대로 주장하고 자기 이론대로 열심을 다한다고 하나님께 열납 되는 것이 아닙니다. 성경이 말한 대로 아멘 하여 순종하시기 바랍니다.

행 5:32/"우리는 이 일에 증인이요, 하나님이 자기를 순종하는 사람들에게 주신 성령도 그러하니라 하더라."

순종하는 자에게는 성령도 충만하게 해 주십니다. 그리하여 순종하는 것을 성취될 수 있도록 지혜와 지식과 능력을 더하여 주십니다.

내게 속한 모든 것이 주의 것

대상 29:11-14,
11, 여호와여 광대하심과 권능과 영광과 이김과 위엄이 다 주께 속하였사오니
천지에 있는 것이 다 주의 것이로소이다 여호와여 주권도 주께 속하였사오니
주는 높으사 만유의 머리심이니이다
12. 부와 귀가 주께로 말미암고 또 주는 만유의 주재가 되사 손에 권세와 능력
이 있사오니 모든 자를 크게 하심과 강하게 하심이 주의 손에 있나이다
13. 우리 하나님이여 이제 우리가 주께 감사하오며 주의 영화로운 이름을 찬양
하나이다
14. 나와 나의 백성이 무엇이관데 이처럼 즐거운 마음으로 드릴 힘이 있었나이
까. 모든 것이 주께로 말미암았사오니 우리가 주의 손에서 받은 것으로 주께
드렸을 뿐이니이다.

- 현재부터 과거와 미래의 모든 시간의 주인은 주님이십니다.

오늘이라는 시간 속에서 타임머신을 타고 미래로 여행을 하면 일 년, 십년, 백년, 천년, 조년, 경년, 해년, 극년 시간의 끝이 바로 태초가 될 겁니다. 그런데 우리는 백 년 전의 일도 모릅니다. 역사와 문헌과 구전을 전해지는 소식을 들을 뿐입니다.

롬 14:7-8/"우리가 살아도 주를 위하여 살고 죽어도 주를 위하여 죽나니 그러므로 사나 죽으나 우리가 주의 것이로다."

만유의 주가 되시고 만유를 회복하시는 하나님, 인간의 흥망 성쇠는 절대 주권자인 하나님께 있으며, 또 그에게 속해 있습니다. 따라서 우리는 항상 진지하고 겸손하게 삶을 대해야 합니다.
무엇을 위해 살고, 무엇을 위해 죽으며, 어떻게 살고 또 어떻게 죽어야하는지를 날마다 깊이 성찰하고 고민하며 살아야 한다는 것입니다.
한 번밖에 없는 소중한 인생이기에 더욱더 그렇습니다.

롬 11:36/"이는 만물이 주에게서 나오고 주로 말미암고 주에게로 돌아감이라 영광이 그에게 세세에 있으리로다. 아멘"

이는 그리스도인으로서, 하나님의 백성으로서 하나님께 향기가 되고 영광이 되는 산 제물로 살기 위함입니다. 인류의 조상 아담의 원죄로 모든 인간은 죄인 되어 누구도 피할 수 없는 죗값으로 인한 시한부 인생의 삶을 살고 있지만, 그것이 결코 끝이 아닙니다.

성경은 우리에게 영생이 무한한 시간 끝없는 시간이 있음을 가르쳐줍니다.
영원히 목마르지 아니하리라
영원히 살리라.
원원히 죽음을 보지 아니하리라.
영원히 멸망하지 않을 것이요.
현재는 영원한 시간을 확보할 최대의 기회입니다.

우리 모두 죽음 이후 하나님 앞에 서는 날이 옵니다. 그리고 심판대 앞에 서게 될 것입니다. 그러므로 그리스도의 사람들은 늘 기억해야 합니다. 나는 그리스도의 것이라는 사실을.

이제 내가 살아도 주 위해 살고
이제 내가 죽어도 주 위해 사네.
그러므로 나는 사나 죽으나 주님의 것이요
사나 죽으나 날 위해 피 흘리신
내 주님의 것이요

전 12:1/"너는 청년의 때 곧 곤고한 날이 이르기 전, 나는 아무 낙이 없다고 할 해가 가깝기 전에 너의 창조자를 기억하라."

기억하라, 기억하라. 잊지 말라, 잊지 말라.

원망하지 않는 욥의 신앙

욥 1:21-22,
21, 가로되 내가 모태에서 적신이 나왔사온즉 또한 적신이 그리로 돌아 가올지
라 주신 자도 여호와시요 취하신 자도 여호와시오니 여호와의 이름이 찬송을
받으실지니이다 하고
22. 이 모든 일에 욥이 범죄 하지 아니하고 하나님을 향하여 어리석게 원망하
지 아니하니라.

고전 10:13,
사람이 감당할 시험밖에는 너희가 당한 것이 없나니 오직 하나님은 미쁘사 너
희가 감당하지 못할 시험 당함을 허락하지 아니하시고 시험 당할 즈음에 또한
피할 길을 내사 너희로 능히 감당하게 하시느니라.

- 모든 삶의 범사에 소망과 용기와 비전을 가져야 합니다.

한파가 밀려오고 있습니다. 여기저기에서 눈 소식에 눈을 바라보며 마냥 즐거워할 수만은 없어 우울합니다. 한파 속에 보금자리를 찾은 이들도 있지만 여전히 추위에 떠는 이들이 있습니다. 우리 모두 더욱 더 힘을 내기를 바랍니다.

“하늘은 스스로 돕는 자를 돕는다.”고 합니다.
그러나 고통은 어느 한순간에 그 누구에게든지 닥쳐올 수 있습니다. 그런즉 오늘 이 시간 현재, 온전한 육과 정신으로 호흡 할 수 있음을 감사합시다. 성경에 나오는 인물 중에서 욥은 어느 한날 갑자기 고통스런 불행이 닥칩니다. 그러나 욥은 원망함이 없이 믿음과 용기를 그대로 소유하여 마침내 갑절로 회복이 되었습니다.

“까닭 없는 고통은 없다.”고 합니다.
그러나 삶의 범사에 그 어떠한 까닭에도 굴하지 않기를 바랍니다.
창조주 하나님은 도울 자를 찾으십니다. 이 매서운 한파 속에서도 미래를 과감하게 준비하는 분들이 있습니다.
또한 자신에게 닥친 현재의 역경을 극복하며 보다 낳은 내일 향하여 도전하는 분들이 있습니다. 그런즉 한파 같은 삶 가운데 굴복하지 말고 우리 모두 더욱더 용기를 내어 고통과 아픔, 시련과 고난, 좌절과 절망을 넘어 창조주 하나님께서 베푸시고자 하는 "축복"으로 담대히 바꾸어 나아갑시다.

반드시 하나님의 축복이 밀물처럼 하염없이 밀려들어올 때가 있을 것입니다. 그러므로 우리 모두 삶의 범사에 소망과 믿음, 긍정의 마음과 희망, 큰마음으로 비전을 가지길 바랍니다.
현실에 굴하지 말고 모든 삶의 범사에 소망을 가집시다.

- 하나님은 반드시 나를 도우신다.

- 하나님은 나를 다시 일어서게 하신다.
- 하나님은 나의 손을 잡고 계신다.
- 하나님은 나를 엎어 나르신다.

이렇게 선포할 때, 바로 지금 이 순간이 그렇다고 확신과 소망을 가지고 말할 때 안 될 일이 없습니다. 반드시 꿈은 이루어질 것입니다.

롬 10:10/"사람이 마음으로 믿어 의에 이르고 입으로 시인하여 구원에 이르느니라."

롬 10:13/"누구든지 주의 이름을 부르는 자는 구원을 받으리라."

약속하신 하나님을 부르시기 바랍니다. "하나님의 도우심이 지금, 너무 필요합니다. 하나님, 도와주세요."

창조주 하나님은 반드시 도와주십니다.

고전 10:13/"사람이 감당할 시험밖에는 너희가 당한 것이 없나니 오직 하나님은 미쁘사 너희가 감당하지 못할 시험 당함을 허락하지 아니하시고 시험 당할 즈음에 또한 피할 길을 내사 너희로 능히 감당하게 하시느니라."

감당할 수 없는 병 그리고 삶의 갖가지 고통 속에서, 좌절과 절망으로 몸부림만 칠 것이 아닙니다. 용기와 소망으로 똘똘 뭉쳐진 그대를 하나님은 보고 싶어 하십니다. 다윗처럼 골리앗을 이길 수 있음을 믿으시기를 바랍니다.

이 세상에 왜 하나님이 오셨느냐고, 왜 내게 하나님이 필요하냐고 진실로진실로 물어보시기를 바랍니다. 나의 삶의 한가운데 창조주 하나님이 오신 것은 내가 삶 가운데 감당할 수 없는 시험 때문입니다.
세상 온갖 시험을 나 혼자 감당할 수 없음을 아시고 피할 길도 주시고, 이길 힘도 주시고, 사망권세로부터 나를 지키시고 부활 생명 되게 하고자 오셨습니다.
우리 모두 더욱더 굳건한 믿음과 담대함으로 복된 삶을 위하여, 용맹스러운 그리스도의 군사로서 더욱 더 힘차게 전진하는 승리의 나날이 되시기를 축복합니다.

주일을 기다리는 자세 5가지

욥 10:5,

주의 날이 어찌 인생의 날과 같으며 주의 해가 어찌 인생의 날과 같기로

- 주의 성도는 주의 날을 위해서 특별히 성별되어야 합니다.

즐겁게 안식할 날 반갑고 좋은 날
내 맘을 편케 하니 즐겁고 기쁜 날
이날에 천하 만민 다 보좌 앞에서
참되신 삼위일체 거룩타 부르네.

이날에 하늘로서 새 양식내리네
성회로 모이라고 종소리 울리네.
복음의 밝은 빛은 온 세상 비치며
또 영생물이 흘러 시원케 하시네.

이 안식 지킴으로 새 은혜 입어서
영원히 쉬는 곳에 다 올라갑시다
성부께 찬미 성자와 또 성령
참되신 삼위일체 찬송할 지어다 아멘.

한 주간 동안 노동의 축복을 누리다가, 주일을 기다리며 제 충전의 시간과 신령한 복을 받는 거룩한 날을 사모하는 예배의 백성으로 살 것을 다짐합시다.

출 20:11/"이는 엿새 동안에 나 여호와가 하늘과 땅과 바다와 그 가운데 모든 것을 만들고 제 칠일에 쉬었음이라 그러므로 나 여호와가 안식일을 복되게 하여 그 날을 거룩하게 하였느니라."

1. 마음을 고요하게 유지하기

그대의 마음에서 세상의 걱정을 비우는 것이 중요합니다. 이것은 하나님께 집중하는데 방해가 되기 때문입니다 그대가 하나님을 더 생각할 수 있을 때는 조용한 시간일 것입니다. 예수님께 시선을 고정하면 하나님의 음성을 들을 수 있습니다.

렘 33:3/"너는 내게 부르짖으라.내가 네게 응답하겠고 네가 알지 못하는 크고 비밀한 일을 네게 보이리라."

2. 겸손하게 기도하기

하나님은 우리의 마음을 읽으실 수 있습니다. 우리의 기도가 진실한 것인지 립 서비스인지를 아십니다. 천국으로 가는 길을 여는 것은 하나님을 향해 부르짖는 겸손한 마음입니다. 겸손은 우리 자신을 만나는 곳입니다.

가면을 벗으면 우리는 진정한 우리 자신과 대면하게 됩니다. 하나님이 누구신지 기억하면서 우리는 마음을 진지하게 살펴보아야 합니다. 그 앞에 무릎을 꿇고 내 마음을 드러내 달라고 간구하십시오

사 66:2/"나 여호와가 말하노라 나의 손이 이 모든 것을 지어서 다 이루었느니라. 무릇 마음이 가난하고 심령에 통회하며 나의 말을 인하여 떠는 자 그 사람은 내가 권고하려니와"

3. 주님을 찬양하기

시 22:3/"이스라엘의 찬송 중에 거하시는 주여 주는 거룩하시니이다."

하나님께서 자기 백성의 찬송 중에 거하신다는 말씀입니다.
하나님께서 우리의 찬송을 받으시기에 합당하신 분입니다.

4. 잠잠히 있기

성경은 우리가 하나님 앞에 잠잠하고 그분이 응답 하실 때까지 인내심을 갖고 기다려야 합니다. 우리가 하나님의 말씀을 듣는 순간은 고요할 때입니다. 하나님께서 우리를 책임지시고 계시다는 것을 확신시켜 주시는 때도 바로 이 조용한 순간입니다. 그분을 신뢰하며 믿음으로 그 고요함 속으로 들어가야 합니다.

히브리서 11:6/"믿음이 없이는 하나님을 기쁘시게 하지 못하나니 하나님께 나아가는 자는 반드시 그가 계신 것과 또한 그가 자기를 찾는 자들에게 상 주시는 이심을 믿어야 할지니라"

5. 찬양하기

아마, 그대의 마음을 뛰게 하는 수많은 찬양이 있을 겁니다. 찬양을 부르는 것이 예배의 길이며 이를 통해 우리는 위로와 평강과 기쁨을 찾습니다. 우리의 마음이 하나님과 연합될 때 우리는 우리를 가두는 스트레스로부터 멀어질 수 있습니다. 찬양을 하면서 하나님의 임재 안으로 들어갑니다.

시 47:6/"찬양하라 하나님을 찬양하라 찬양하라 우리 왕을 찬양하라."

계 1:10/"주의 날에 내가 성령에 감동하여 내 뒤에서 나는 나팔소리 같은 큰 음성을 들으니"

너는 흙이니

욥 30:19,
하나님이 나를 진흙 가운데 던지셨고 나로 티끌과 재 같게 하셨구나

- 인간의 정체성 인생은 흙덩이로 시작해서 잿더미로 끝납니다.

흙으로 창조된 인간은 흙을 밟고, 흙에서 나는 것을 먹고 마시고 살다가 죽음과 함께 생명 없는 재로 돌아갑니다. 아무리 잘난 사람도, 배운 사람, 있는 사람, 높은 사람도 모두 흙으로 만들어졌습니다. 훌륭한 업적과 재산을 남긴 사람도 결국 한 줌의 재로 사라질 뿐입니다.

욥은 고통 속에서 하나님이 부여하신 의미를 깨닫기 위해 안간힘을 씁니다. 그는 고통 속에서 중요한 것을 깨닫습니다. 자신이 하찮은 존재라는 것과 결국 죽음을 맞게 된다는 것을 말입니다. 자신이 그저 흙덩이와 잿더미에 불과하다는 것을 알게 된 것입니다.

인간은 세 번의 삶을 삽니다.
어머니 모태에서 10개월,

세상에서 70년~100년의 삶을 살고, 하나님의 나라 천국에서 영생을 살게 됩니다. 이 땅에서의 삶이 다하면 육신은 흙으로, 영혼은 그것을 주신 하나님께로 돌아가는 것입니다.(전 12:7)

그러나 그 누구도 자력으로는 하나님께로 돌아갈 수 없습니다.
그것은 인간이 죄인이기 때문입니다 죄 용서받고 의롭다 하심을 받은 자는 하나님과 함께 천국에서 영생을 살지만, 죄 문제를 해결 받지 못한 자는 유황이 불타는 지옥에서 영원히 고통을 받게 됩니다.

완전 타락, 완전 부패, 완전 멸망 가운데 있는 인간에게,
모든 죄 용서받는 길,
하나님을 만나는 길,
하나님 나라에서 영생하는 길이 있습니다.
그 길은 바로 예수 그리스도이십니다.
행 16:31/"주 예수를 믿으라 그리하면 너와 네 집이 구원을 얻으리라."

인생에 정답은 예수 그리스도입니다. 복 있는 사람은 악인의 길을 쫒지 아니하고 죄인의 길을 가지 아니합니다. 모든 선택에는 정답과 오답이 공존합니다. 지혜로운 사람들은 선택한 다음에 그걸 정답으로 만들어 내는 것이고, 어리석은 사람들은 그걸 선택하고 후회하면서 오답으로 만들어 냅니다.

후회는 또 다른 잘못의 시작일 뿐이라는 걸 잊고 말입니다. 생명을 택하여 사는 길을 가야합니다. 인생의 해답이신 예수 그리스도 안에서 믿기만 하면 절로 복을 받고, 풍성한 생명을 얻습니다. 그러나 거절하고, 부인하고, 불신하고, 거역하면, 아무것도 아닌 흙으로 돌아갈 존재가 됩니다.

요 8:51/"진실로 진실로 너희에게 이르노니 사람이 내 말을 지키면 죽음을 영원히 보지 아니하리라."

요 11:26/"무릇 살아서 나를 믿는 자는 영원히 죽지 아니하리니 이것을 네가 믿느냐."

에녹같이 엘리야 같이 죽음이 생명에게 삼키는 놀라운 역사가 일어날 것입니다.

오늘, 이 하루도 생명으로 충만하시기를 축복합니다.

복 있는 사람과 악인의 결말

시 1:1-2,
1, 복 있는 사람은 악인의 꾀를 좇지 아니하며 죄인의 길에 서지 아니하며 오만한 자의 자리에 앉지 아니하고
2, 오직 여호와의 율법을 즐거워하여 그 율법을 주야로 묵상하는 자로다.

- 세상에 빛과 어두움이 있듯이, 의인과 악인이 공존하여 살고 있습니다.

나는 이 세상에서 어떤 삶을 살아야하는가?
의인(성도)의 의문점?(시 73:1-28)
의인이 생각하기를 거룩하신 하나님은,
공의와 정의의 하나님이시라 하나님을 경외하며
마음이 청결한 자를 더욱 형통하게 하시고
좋은 것을 주시며 바른 길로 인도하시고
하나님을 부정하고 불의한 악인에게는
그가 행한 대로 형벌을 내리셔서 죗값으로 고통을 받게 하고 저들의 영육을 멸하는 것이 정의롭고 공의로우신 하나님의 행하실 일이라

알고 믿고 있는데

이 세상 사람들의 삶을 보면 정 반대적인 삶을 살고 있음이 하나님의
자녀들의 생각으로는 도무지 이해할 수가 없도다.
하나님의 자녀로 택함을 받은 자들의 삶,
말씀을 따라 살기를 애쓰며
하나님께 경배하며 찬양하며
마음을 깨끗이 하며
기도하기를 쉬지 아니하며
항상 하나님을 가까이하며
진실하고 성실하게 살며
손을 더럽히지 아니하였는데도

나는 거의 넘어질 뻔하였고 나의 걸음이 미끄러질 뻔하였으며
나는 종일 재난을 당하며 아침마다 징벌을 받았으며
하나님 때문에 오히려 고난과 핍박을 더 당하였도다.
그러나 악인은 하나님을 부정한 악인들의 삶,
남의 것을 탐하여 착취하고 부정과 불법으로
남을 괴롭히며 가련한 자들을 학대하며
세상권세로 의인들을 가두고 죽이는 악한 일을 하는 데도
악인의 삶은 점점 더 형통하였으며
죽을 때도 고통이 없고 그 힘이 강건하며
의인이 당하는 고난도 재앙도 없고

그러므로 교만이 목걸이요 강포가 그들의 옷이요
잘 먹어서 살찌고 항상 평안하고 소득은 더욱 불어나며 의인을 능욕하며 악하게 말하며
하나님이 우리의 행함을 어찌 알랴 하고
하나님이 지식이 있으랴 하고 하나님을 부정하고
악담을 하는도다.

의인의 탄식,
내가 어쩌면 이런 상황을 깨달아 알까 하여
생각하니 내 마음에 심히 고통이 되었도다.
그런데 [내가 하나님의 성소에 들어 갈 때에야
그들의 종말을 깨달아 알았도다]

악인의 삶의 결말,
공의로우신 주께서 저들을 미끄러운 곳에 두며
심판하여 파멸에 던지시니 저들이 갑자기 황폐 되였으며 순식간에 모두 전멸되었도다.
사람이 깬 후에 꿈을 무시하듯이
주께서 깨신 후에 저들의 형상을 무시하셨도다.
내가 악인들의 형통을 보며 그들을 질투하였던 것이 양심에 가책이 되어 찔렸도다.
우리는 무지하여 하나님께서 행하신 일을 알지 못하니 하나님 앞에 짐승과 같도다 그러나 내가 항상 주와 함께하니 주께서 오른 손으로

나를 붙드셨도다.

주의 교훈으로 나를 항상 인도시고 내가 이 세상을 떠날 때에 주의 영광의 보좌 앞에서 나를 반겨 맞아 영접하시리라 하늘에서도 내겐 주 밖에 없고
땅에서도 주 밖에 내가 사모할 이 없도다.
내 육체와 마음은 쇠약하나
하나님은 내 마음의 반석이시요 나의 영원한 나의 분깃이시라.
사비브 사비브, 성도들이여, 하나님께서 하신 일을
이제 확실히 알았으니 무릇 주를 멀리하는 자는 망하리니 음녀 같이 주를 떠나는 자를 하나님이 다 멸하시리라 하나님께 가까이 함이 내게 복이라.
내가 주 여호와를 피난처로 삼아 주의 모든 행적을
널리 전파하리이다.(시 73:1~28) 아멘.
하나님의 크신 은총을 받은 자여,
하나님께서 악인들에게는 그가 행한 대로 심판하여 지옥 불 못에 던지실 일의 결말을 확실히 알았으니

지금, 이 세상의 되어진(정치, 경제, 사회, 군사, 종교.)
혼돈 공허와 흑암의 상황 속에서 불평과 원망만 하지 말며 악인들의 형통을 질투하거나 부러워하지도 말며 우리가 의롭게 살기 원하고 주님을 믿는 믿음 때문에 당하는 고난과 핍박도 결코 두려워하지 말며
오직 주 예수 그리스도를 날마다 순간마다 가까이하여 믿음의 선한

싸움을 잘 싸우며 생명 길을 끝까지 잘 달리고 승리의 그날 오리라 믿습니다.

이 마지막 시대에 악영들이 관영한 세상에서
갖가지 시험을 잘 참고 인내로서 견디어 이기고
믿음을 끝까지 잘 지키어 주님 나라에 이르러
주님의 보좌 앞에서
영광의 면류관, 의의 면류관, 생명의 면류관을 받으며 주님과 함께 영생을 누릴 주의 영광스런 나라에 참예할
이 시대에 주의 순결한 신부가 될지라.
이 시대에 하나님께서 구원하실 남겨둔 자들이 될지라. 주님은 이 세상이 끝날 까지 항상 나와 함께 계시도다. 아멘.
주 예수여, 속히 오시옵소서.
- 마라나타

가장 어리석은 자

시 14:1,
어리석은 자는 그 마음에 이르기를 하나님이 없다 하도다 저희는 부패하고 소행이 가증하여 선을 행하는 자가 없도다.

세상 사람들은 흔히 세상 것들을 제대로 챙기지 못하고, 어수룩하게 다른 사람에게 이용만 당하는 사람을 어리석다고 합니다. 약삭빠르게 세상 것들을 획득하는 자들에 대해서는 지혜롭다고 합니다.
이에 세상적으로 볼 때에는 우리 믿는 사람들이야말로 심히 어리석다고도 할 수 있습니다. 왜냐하면 우리 믿는 사람들은 이 세상의 가치보다 하늘의 가치를 추구하는 자들로서 이 땅의 것들을 분토와 같이 여기는 자들이기 때문입니다.

고전 1:18/"십자가의 도가 멸망하는 자들에게는 미련한 것이요 구원을 얻은 우리에게는 하나님의 능력이라."

그렇지만 진정 어리석은 자들은 바로 영원한 진리와 생명이 되는 십자가의 도를 깨닫지 못하고 믿지 않는 바로 그 세상 사람들이라 아니할 수 없습니다. 영원한 생명의 길이 있음에도 스스로 멸망의 길을 자

초하니 말입니다.

성경은 어리석은 자를 정의하는데, 그는 하나님이 없다고 합니다.

시 14:1/"어리석은 자는 그 마음에 이르기를 하나님이 없다 하도다. 저희는 부패하고 소행이 가증하여 선을 행하는 자가 없도다."

세상에서 제일 큰 바보는 바로 하나님이 없다는 사람입니다. 성경이 말하는 '어리석은 사람'은 단순히 지혜가 없다는 뜻만이 아니라, 죄로 어두워져 있고 악하고 마음이 부패해서 하나님을 내쫓아 버리고 사는 사람입니다.

토마스 페인(Thomas Paine)이란 무신론자는 인간의 자유에 대해서 책을 저술하면서 하나님을 대적하고 기독교를 조롱했는데, 그 책이 바로 '이성에 대하여'(The Age Of Reason)라는 책입니다. 그는 그것을 쓰기 시작하면서 "이 책은 장차 기독교를 박멸하게 되리라."고 예언하며 "100년 안에 성경책은 다 없어지고 박물관이나 고서적을 파는 책방 구석에서 먼저가 앉은 성경이나 찾아볼 수 있으리라."고 했습니다.

그 책이 1794년 런던에서 출판되었는데 토마스 페인은 그 책 때문에 비참하고 고독한 신세가 되었습니다. 그러자 그는 후회하면서 "이성의 시대가 쓰이지 않았다면 좋았을 것을, 이 책을 다 회수할 수 있다면 세상에 있는 것 전부를 줄 터인데 … "라고 말했습니다.
그 후 페인은 1809년 죽는 날까지 침대에 누워만 있는 페인이 되었고 친구도 없이 고독하게 죽어갔습니다. 그러나 그가 말살된다던 성경은 여전히 영원한 베스트셀러로 남아 있습니다.
18세기 유명한 불란서의 철학자 볼테르(Voltaire)는 '기독교가 세워지기까지 여러 세기가 걸렸지마는 나는 불란서의 한사람이 50년 안에 기독교를 박멸 할 수 있다는 것을 보여 주리라'고 말하면서 펜을 들어 하나님을 대적하는 글을 쓰기 시작했습니다.
그런데 그가 죽은 지 20년 만에 제네바 성서 공회에서 그의 집을 사가지고 성경출판사로 만들었습니다. 그리고 후에는 외국어 성경을 출판하는 출판본부가 되었고, 성경은 아직도 베스트셀러로 남아 있습니다. 결국 볼테르는 죽어가면서 한탄하며 말하기를, "내가 태어나지 않았더라면 좋았을 것을 … "하였으며, 천국도 지옥도 없다고 하던 그가 숨을 거두면서 "나는 지옥에 간다."고 제 입으로 말했습니다. 얼마나 어리석은 사람입니까?

우리를 지으시고 만물을 만드신 하나님을 존재를 부인하고 거스르는 것은 가장 큰 죄입니다. 무신론은 근원적으로 교만하고 부패한 마음에서 나오습니다. 무신론을 조작하는 것은 이상이 아니라 감정이라고 말한 이가 있습니다. 하나님이 없다는 사람은 어머니 뱃속에 있는 아이가 자기 엄마가 안 보인다고 엄마는 존재하지 않는다고 하는 것과 같이 어리석은 것이며 무지한 것입니다.

물리학에서 노벨상을 탄 아더 컴프톤(Arthur Compton)은 "나에게 있어서 믿음이란 어떤 절대적 지능(Supreme Intelligence)이 있어서 세상을 존재케 하고 인간을 창조했다고 하는 데서 시작된다. 질서 정연하게 펼쳐진 우주가 태초에 하나님이 천지를 창조하시니라는 가장 위엄 있는 말씀을 증명해 준다."고 말했습니다.

어떤 위대한 제일 원인(Great First Cause)이 없이, 이 질서 정연한 우주 만물의 존재를 설명할 수 있겠습니까?

히 3:4/"집마다 지은이가 있으니 만물을 지으신 이는 하나님이시니라."

소련이 최초 우주 비행사였던, 보스토크 호의 율리 가가린은 우주비행을 하고 돌아와서 "하늘에 올라가 봐도 하나님은 없더라."고 하면서 하나님을 모독했는데, 그는 그만 비행 사고로 일찍 죽었습니다. 그러나 미국의 우주 비행사 암스트롱은 우주비행을 하면서 하나님의 신비한 창조의 솜씨에 충격을 받고 돌아와 전도자가 되어 많은 영혼을 구원하는 귀한 일을 했습니다.

하나님이 없다고 하는 사람은 진정 이 세상에서 가장 어리석은 사람이며 나아가서 마음이 부패하고 사악한 사람들입니다.

짐승 같은 인간

시 49:17-20,
17, 저가 죽으매 가져가는 것이 없고 그 영광이 저를 따라 내려가지 못함이로
다.
18, 저가 비록 생시에 자기를 축하하며 스스로 좋게 함으로 사람들에게 칭찬
을 받을지라도
19, 그 역대의 열조에게로 돌아가리니 영영히 빛을 보지 못하리로다.
20, 존귀에 처하나 깨닫지 못하는 사람은 멸망하는 짐승 같도다."

- 본래 인간은 하나님의 형상으로 영광스럽게 존귀하게 창조된 영적 존재입니다.

그러나 하나님의 말씀을 불순종하고 사단의 말에 미혹되어 타락하여 하나님의 형상이 크게 손상을 입고 영광스러움에서 추하게 존귀에서 비천한 존재로 하락의 길을 가게 되었습니다.

롬 1:21, 23-24,/ "하나님을 알되 하나님으로 영화롭게도 아니하며 감사치도 아니하고 오히려 그 생각이 허망하여지며 미련한 마음이 어두워졌나니", "썩어지지 아니하는 하나님의 영광을 썩어질 사람과 금수와 버러지 형상의 우상으로 바꾸었느니라 그러므로 하나님께서 저희를 마음의 정욕대로 더러움에 내어 버

려두사 저희 몸을 서로 욕되게 하셨으니"

전적으로 타락하고 온전히 부패하고 허물과 죄로 죽은 인간을 살리시기 위해 독생자 예수 그리스도를 보내셨습니다. 그분만이 인간의 독을 제거하는 해독세요 구원의 주님이십니다.

요 3:14-15/"모세가 광야에서 뱀을 든 것 같이 인자도 들려야 하리니 이는 저를 믿는 자마다 영생을 얻게 하려 하심이니라."

그럼에도 인간은 독에 깊이 마비되어 영접 할 수도 없고, 깨닫지도 못하고 죽어가고 있습니다. 최후의 방법으로 교육을 동원하고 종교를 의지하고, 최후의 수단을 다 사용해보지만 스스로는 구원을 얻지 못하고 짐승처럼 왔다가 짐승처럼 죽어갑니다.

사람의 몸은 정신(혼)을 담는 그릇이요, 혼은 영을 담는 그릇입니다.
그릇이 병들었고 그릇이 깨지고 상처 나고 더러워서 담을 수가 없습니다.(인자는 머리 둘 곳이 없다 하셨다)
인간의 영적인 기능은 이미 죽어서,
하나님을 영화롭게 기쁘시게 하지 못하고,
그 영을 담는 그릇은 혼돈과 공허와 흑암으로 가득차서,
지성으로 하나님께 도달할 수 없고,
감성으로도 하나님께 이를 수 없게 되고,
이성보다 훨씬 뛰어난 보혜사 성령의 능력이 나를 사로잡아 주셔야 합니다.

요 16:13/"그러하나 진리의 성령이 오시면 그가 너희를 모든 진리 가운데로 인도하시리니 그가 자의로 말하지 않고 오직 듣는 것을 말하시며 장래 일을 너희에게 알리시리라."

깊고 높고 넓은 영성,
사람의 중심에 있는 사람의 영이 하나님의 영(성령)과 하나로 연결, 연합될 때 **"주와 합하는 자는 한 영이니라."**(고전 6:17)
하나님은 그 영(연합된 영)을 통해 하늘에서 이미 이루어 진 것 같이 땅에서도 이뤄지게 하십니다. 사람 또한 영원과 무한을 몸소 체험할 수 있게 됩니다.
땅은 자연을 위해 존재하고 풀은 동물을 위해,
동물은 사람을 위해 사람은 그리스도를 위해,
그리스도는 하나님을 위해.
타락한 인간은 추락하여 짐승만도 못한 인간이 되었으니, 육으로 난 것은 육이요. 영으로 난 것은 영이므로 새로운 피조물로 다시 태어날 때. 타락전의 모습으로 원상회복할 때가 있는데 예수그리스도를 내 마음에 영접하는 순간입니다.

그리하여 하나님도 사람도 모두 만족하게 됩니다. 하나님께서 애당초에 사람을 설계(창 1~2장)하실 때 그렇게 하셨기 때문입니다.

1. 그 영

롬 8장은 육신의 사람이 영의 사람으로 새 창조의 새 역사를 자세히 설명하고 있습니다. 이야말로 예언의 성취이지요.

2. 새 창조

고후 5:17-18/"그런즉 누구든지 그리스도 안에 있으면 새로운 피조물이라 이전 것은 지나갔으니 보라 새것이 되었도다 모든 것이 하나님께로 났나니 저가 그리스도로 말미암아 우리를 자기와 화목하게 하시고 또 우리에게 화목하게 하는 직책을 주셨으니"

3. 하나님의 걸작품

엡 2:10,13/"우리는 그의 만드신 바라 그리스도 예수 안에서 선한 일을 위하여 지으심을 받은 자니 이 일은 하나님이 전에 예비하사 우리로 그 가운데서 행하게 하려 하심이니라 / 이제는 전에 멀리 있던 너희가 그리스도 예수 안에서 그리스도의 피로 가까워졌느니라."

4. 새 영

겔 36:26-28/"또 새 영을 너희 속에 두고 새 마음을 너희에게 주되 너희 육신에서 굳은 마음을 제하고 부드러운 마음을 줄 것이며 또 내 신을 너희 속에 두어 너희로 내 율례를 행하게 하리니 너희가 내 규례를 지켜 행할지라 내가 너희 열조에게 준 땅에 너희가 거하여 내 백성이 되고 나는 너희 하나님이 되리라."

5. 천지를 창조하신

하나님의 신, 성령과의 연합입니다.

창 1:2/"땅이 혼돈하고 공허하며 흑암이 깊음 위에 있고 하나님의 신은 수면에 운행하시니라."

창조의 첫째 날의 축복을 받은 이들이여, 그의 이름을 찬양하나이다.

오, 보혜사 성령의 영이여, 하늘과 땅이 믿는 이들 안에서의 만남이여, 그리하여 무명하여도, 아무 가진 것 없어도, 모든 것을 가진 자 이어라!

고후 6:8-10/"영광과 욕됨으로 말미암으며 악한 이름과 아름다운 이름으로 말미암으며 속이는 자 같으나 참되고 무명한 자 같으나 유명한 자요 죽는 자 같으나 보라 우리가 살고 징계를 받는 자 같으나 죽임을 당하지 아니하고 근심하는 자 같으나 항상 기뻐하고 가난한 자 같으나 많은 사람을 부요하게 하고 아무 것도 없는 자 같으나 모든 것을 가진 자로다."

6. 이는 하나님이 보시기에 심히 좋았더라

창 1:28-31/"하나님이 그들에게 복을 주시며 그들에게 이르시되 생육하고 번성하여 땅에 충만 하라, 땅을 정복하라, 바다의 고기와 공중의 새와 땅에 움직이는 모든 생물을 다스리라 하시니라 하나님이 가라사대 내가 온 지면의 씨 맺는 모든 채소와 씨 가진 열매 맺는 모든 나무를 너희에게 주노니 너희 식물이 되리라 또 땅의 모든 짐승과 공중의 모든 새와 생명이 있어 땅에 기는 모든 것에게는 내가 모든 푸른 풀을 식물로 주노라 하시니 그대로 되니라 하나님이 그 지으신 모든 것을 보시니 보시기에 심히 좋았더라. 저녁이 되며 아침이 되니 이는 여섯째 날이니라."

감사함으로 감사하라

시 100:4,
감사함으로 그 문에 들어가며 찬송함으로 그 궁정에 들어가서 그에게 감사하며 그 이름을 송축할지어다.

- 감사로 질병을 치료하게 됩니다.

요즘에, 미국의 정신병원에서는 우울증 환자들을 치료하기 위해서 약물치료보다는 소위 '감사치유법'을 더 많이 사용한다고 합니다. 환자들로 하여금 자신의 삶에서 감사한 일들은 무엇일까를 찾아내게 하고, 감사를 회복하도록 돕는 것입니다.
그런데 놀랍게도 약물치료보다도 감사치유법이 훨씬 더 효과가 탁월하다는 것입니다. 감사치료법은 단지 정신과적인 치료에만 효과가 있는 것이 아니라 스탠리 탠의 경우와 같이 육체의 질병에도 대단한 효과가 있다고 합니다.

일본 해군 장교인 가와가미 기이찌 씨는 2차 세계 대전이 끝난 후 에, 고향에 돌아오고 나서 하루하루 사는 것이 짜증이 났고 불평불만이 쌓여 갔습니다. 결국에, 그는 전신이 굳어져 조금도 움직일 수 없는 불치병에 걸리고 말았습니다.
그때에 그는 정신 치료가인 우찌다 씨를 만나게 되었습니다. 우찌다 씨는 그에게 "매일 밤 '감사합니다' 라는 말을 만 번씩 하세요" 라고 처방했습니다. 기이찌 씨는 자리에 누운 채로 매일 밤 계속해서 "감사합니다."라는 말만 계속했습니다. 매일 "감사합니다"를 했기 때문에 감사가 몸에 배어 있게 되었습니다.

어느 날, 아들이 두 개의 감을 사 와서 "아버지, 감을 잡수세요"라고 말했는데 그때 아들에게 감사합니다. 라고 말하면서 손을 내밀었는데 신기하게도 손이 움직였고, 차츰 뻣뻣하게 굳어져 있었던 목도 움직여지게 되었습니다. 말로만 하던 감사가 실제 감사가 되었고 불치병도 깨끗이 낫게 한 것입니다.

사람의 병은 대부분 스트레스'에서 옵니다. 스트레스의 원인은 마음의 상처와 부정적인 생각입니다. 그래서 감사의 마음을 가지면 모든 스트레스와 병을 이길 수 있습니다.

살전 5:16-18/"항상 기뻐하라 쉬지 말고 기도하라 범사에 감사하라 이것이 그리스도 예수 안에서 너희를 향하신 하나님의 뜻이니라."

미국의 실업가 중에 스탠리 탠이라는 박사가 있습니다. 그는 회사를 크게 세우고 돈을 많이 벌어서 유명하게 되었는데, 1976년에 갑자기 병이 들었습니다. 척추암 3기라는 진단을 받았습니다. 당시에, 척추

암은 수술로도 약물로도 고치기 힘든 병이었습니다. 이 사실이 알려지자 사람들은 그가 절망 가운데 곧 죽을 것이라고 생각하였습니다.

몇 달 후에, 그가 병상에서 자리를 툭툭 털고 일어나 다시 출근했습니다. 사람들은 깜짝 놀라서 아니 어떻게 병이 낫게 되었느냐고 물었습니다. 그러자 스탠리 탠은 “아 네, 전 하나님 앞에서 감사만 했습니다. 그랬더니 병이 다 나았습니다.” 라고 대답하였습니다. 저는 이렇게 기도했습니다.

“하나님, 병들게 된 것도 감사합니다. 병들어 죽게 되어도 감사합니다. 하나님, 저는 죽음 앞에서 하나님께 감사할 것밖에 없습니다. 받은 은혜가 너무나 커서 살려 주시면 남은 인생 복음 전하며 하나님 나라와 뜻을 이루며 살겠고 죽으라면 죽겠습니다. 하나님, 내 모든 것 무조건 감사합니다.”

그는 매 순간마다 감사하고 또 감사했더니 나도 모르는 사이에 암세포는 없어졌고 건강을 되찾게 되었습니다. 감사는 행복의 문을 여는 열쇠입니다. 우리가 감사를 선택하면 하나님께서는 더 큰 감사를 주시고, 오늘을 인해 감사하면 감사할 내일을 주시고, 작은 일에 감사하면 감사할 더 큰 것을 주십니다. 감사는 축복의 문을 여는 비결입니다

모든 불신앙과 불만족, 원망 불평이라는 내 안에 각인 뿌리 체질이 되고 감염이 된 이 바이러스를 치료하는 백신은 오직 예수, 감사뿐입니다.

시 50:23/"감사로 제사를 드리는 자가 나를 영화롭게 하나니"

또한 말세에 고통하는 때가 이르면 사람들이 감사하지 않을 것이라고 경고합니다.(딤후 3:1-2)

- 감사하는 자가 되라.(골 3:15)
- 범사에 감사하라.(살전 5:18)
- 하나님 아버지께 감사하라.(골 3:17)

행복은 감사와 비례합니다. 정말로 행복하기 원하십니까? 그렇다면 그대는 순간순간 원망이 아닌 감사를 선택하십시오,
그 무엇 보다도 나를 구원하시고 지금까지 인도하시며 내게 역사하신 하나님께 감사하십시오. 그리고 고백하십시오.
"감사합니다."

말씀이 약이다

시 107:20,
그가 그의 말씀을 보내어 그들을 고치시고 위험한 지경에서 건지시는 도다.

- 우리의 영과 혼과 몸은 하나님의 말씀과 기도로 거룩하게 되고 물과 성령으로 온전케 되는 신비한 능력을 갖고 있으며, 믿음으로 선포하여 영적 싸움을 싸우고 승리해야 합니다.

대부분의 경우 사람들은 외부의 어떤 힘이 자신의 몸을 공격할 때 아프게 됩니다. 그것은 바이러스일 수도 있고 세균일 수도 있지만 결국 연약함의 영입니다. '연약함의 영'은 아주 작은 존재에서 큰 영적 존재에 이르기까지 모두 포함합니다. 기능은 비슷할 수 있으나 그것들이 결코 그대 몸의 일부는 아닙니다. 그것들은 모두 그대의 몸을 대적(공격)할 수 있는 외부의 힘입니다.
세균이든 바이러스든 귀신이든 모두 동일한 방식으로 다뤄야 합니다. 그대는 그들을 쫓아내야 합니다. 그렇지 않으면, 그들은 그들에게 해를 끼칠 것입니다. 그대는 절대 피해자가 되어서는 안 됩니다. 예수님의 말씀을 믿으십시오!

막 16:18/"뱀을 집어 올리며 무슨 독을 마실지라도 해를 받지 아니하며 병든 사람에게 손을 얹은즉 나으리라."

어떤 증상이라도 나타난다면 바로 그때가 말씀으로 증상을 다뤄야 할 때입니다. 그대가 해야 할 방식대로 철저하게 행동하지 않는다면, 고통이 더 심해져서 그대는 기도하기 어려운 상태가 될 것입니다. 사탄의 목적은 그대가 기도하거나 어떤 고백도 할 수 없을 때까지 그대를 약하게 만듭니다. 나는 행동할 수 있을 때 행동해야 합니다. 성경은 질병으로 인해 모든 식욕을 잃은 사람들에 대해 말씀합니다.

시 107:17-18/"미련한 자는 저희 범과와 죄악의 연고로 곤란을 당하매 저희 혼이 각종 식물을 싫어하여 사망의 문에 가깝도다."

사람이 병에 걸리면 먹기가 힘들어지고, 결과적으로 더욱 약해져서 죽음에 가까워집니다. 기도하지 못할 정도로 너무 약한 상태가 될 때까지 기다리지 마십시오. 그대의 믿음이 역사하게 말씀을 붙잡으세요. 하나님의 말씀을 묵상하십시오. 하나님의 말씀은 육신의 약입니다.(잠 4:22)

"그가 그의 말씀을 보내어 그들을 고치시고 위험한 지경에서 건지시는 도다."(시 107:20)라고 말하는 것은 놀라운 일입니다. 하나님은 약을 보내주신 것이 아니라 말씀을 보내주셨습니다. 그분의 말씀은 아픈 사람들에게 치유와 건강을 주기 때문입니다.

시 107:20/"저가 그 말씀을 보내어 저희를 고치사 위경에서 건지시는 도다."

질병이 아무리 심각한 상태이더라도 계속해서 말씀을 묵상하십시오. 그대는 치유와 건강을 계속 고백하십시오. 오래 지나지 않아 연약함은 떠나가고 그대는 승리할 것입니다!

- 나는 아프기를 거절합니다! 예수를 죽은 자 가운데서 살리신 이의 영이 내 안에 거하시고 그 영이 내 몸을 살리셨습니다. 따라서 나는 내 몸에 아픔, 질병, 허약함에 있을 어떤 자리도 내어주지 않습니다. 나는 내 입술에 있는 하나님의 말씀으로 이 세상의 타락과 부정, 그리고 그들의 부패한 영향력을 쫓아냅니다.

사 33:24, 쉬운/"예루살렘에 사는 사람은 아무도 '내가 병들었다'라고 말하지 않을 것이니, 여호와께서 그들의 죄를 용서해 주실 것이기 때문이다."

잠 4:20-22/"내 아들아 내 말에 주의하며 내가 말하는 것에 네 귀를 기울이라 그것을 네 눈에서 떠나게 하지 말며 네 마음속에 지키라 그것은 얻는 자에게 생명이 되며 그의 온 육체의 건강이 됨이니라."

예수 보배로운 피 모든 것을 이기니 예수 공로 의지하여 항상 이기리로다.
예수님이 말씀하시니 물이 변하여 포도주 되고
예수님이 말씀하시니 죽은 나사로 살아났다네.
예수님이 말씀하시니 거친 파도가 잔잔해졌네.
예수님이 말씀하시니 모든 질병이 치료되네요.

네 마음을 지키라

잠 4:23,
무릇 지킬만한 것보다 더욱 네 마음을 지키라 생명의 근원이 이에서 남이니라.

- 마음이 있는 곳에 뜻이 있고, 마음이 가는 곳에 사랑이 전달됩니다.

내 마음에 파수꾼을 세워서 도적이 들어오지 못하도록 철저하게 지켜야 합니다.

잠 15:13/"마음의 즐거움은 얼굴을 빛나게 하여도 마음의 근심은 심령을 상하게 하느니라."

마음에 평강이 충만함을 유지하는 것이 얼마나 큰 은혜인지를 마음의 방향을 잃어버린 후에 깨닫게 되었습니다.

마음을 잘 지키는 자는 성을 빼앗는 자 보다 낫다고 하였습니다. 마음에서 생명이 나오며, 마음에서 건강도 나오고, 마음에서 성공과 장수도 나오기 때문입니다. 마음이 아프면 궁궐도 좋은 줄 모르지만 마음이 즐거우면 초가삼간에서 살아도 만족합니다.

마음의 깊은 곳에 중심에 예수님이 늘 왕 중의 왕으로 계시면?
내 마음에 사랑이 싹이 트게 됩니다.
내 마음에 기쁨이 싹이 트게 됩니다.
내 마음에 소망이 싹이 트게 됩니다.
내 마음에 감사가 싹이 트게 됩니다.
내 마음에 근심이 사라지게 됩니다.
내 마음에 걱정이 사라지게 됩니다.
주 예수 만난 날 부터 이와 같은 역사가 일어나게 됩니다.

마음의 염려와 근심은 마음을 무너뜨리는 작은 여우들입니다.

요 14:1 /"너희는 마음에 근심하지 말라 하나님을 믿으니 또 나를 믿으라 내 아버지 집에 거할 곳이 많도다 그렇지 않으면 너희에게 일렀으리라 내가 너희를 위하여 처소를 예비하러 가노니"

마음을 상하게 하는 제일 중요한 적은 염려입니다. 염려는 아무에게도 도움이 안 됩니다. '인생은 고해' 라는 철학자의 말처럼 우리에게 매일, 매일 생기는 근심거리를 다 마음속에 뿌리를 내리게 한다면 마음의 짐이 너무 무거워 견디지 못합니다.

소중한 사람이 떠나고, 아끼던 물건을 잃어 버렸을 때 잃어버렸다고 생각하지 말고 원래의 자리로 돌아갔다는 사실을 바로 보면 우리는 염려에 빠지지 않습니다.

수 1:9/"내가 네게 명한 것이 아니냐. 마음을 강하게 하고 담대히 하라 두려워

말며 놀라지 말라 네가 어디로 가든지 네 하나님 여호와가 너와 함께 하느니라 하시니라."

우리가 잃은 것은 사실 아무 것도 없습니다. 이런 사실을 받아들일 때 우리의 마음은 평화로워지고, 삶의 여유가 생기게 됩니다. 말을 자주 바꾸고 거짓말을 지어내는 자는 지옥에 떨어지게 됨을 명심해야 합니다.

합 2:4/"보라 그의 마음은 교만하며 그의 속에서 정직하지 못하니라 그러나 의인은 그 믿음으로 말미암아 살리라."

말을 바꾸고 거짓으로 속이는 악한 영들은 대한민국을 떠나고 미움과 시기 질투 원수를 맺는 이러한 마음이라면 어떠한 문제도 해결 할 수 있습니다.

마음이 불과 성령으로 거듭나지 아니하면 하나님 나라를 볼 수도 들어갈 수 없느니라.

성실한 자의 복

잠 10:3-4,
3, 여호와께서 의인의 영혼은 주리지 않게 하시나 악인의 소욕은 물리치시느니라.
4, 손을 게으르게 놀리는 자는 가난하게 되고 손이 부지런한 자는 부하게 되느니라.

- 주님은 성실하게 일하는 자에게 큰 복을 부어주십니다.

마인드. 태도는 그 사람에 대한 신뢰로 인정받고, 열심히 일하면 누구든지 보편적인 은혜를 입어 부요한 삶을 살 수 있습니다. 그러나 세상을 살다보면 수많은 변수들을 만납니다. 열심히 일을 했음에도 불구하고 어려움을 겪는 경우가 많습니다.

하워드 휴즈는 65세 무렵에 약 25억 불의 재산을 모은 엄청난 재력의 소유자였습니다. 하지만 그 많은 돈에도 불구하고 그는 정신질환에 시달리며 햇빛이 완전히 차단된 깜깜한 방에서 살았습니다. 얼마나 우울한 일입니까! 텁수룩한 수염과 허리까지 내려오는 헝클어진 머리, 긴 손톱 등 육체적으로 그의 몸은 이미 파산 상태였습니다.

그가 한 일이라곤 병균이 두려워 벌거벗은 채 침대에 누워 있는 것이 그의 삶이였습니다. 그는 결국에, 화학 약품에 중독되어 72세 나이에 숨을 거두었습니다. 인간이 영혼을 잃어버린다면 그 모든 보화를 얻는 것이 다 무슨 소용이겠습니까?

사람이 가진 소유의 정도에 따라 그 가치를 평가하는 이 세상에서 우리는 부자(富者)와 현자(賢者)를 구별하지 못할 때가 많습니다. 우리는 영혼을 가꾸는 현자, 인생을 소유하는 진짜 부자가 되시기를 바랍니다. 우리들, 하나님이 주신 일을 열심히 할 뿐만 아니라, 하나님의 은혜 받기를 전심으로 기도하는 삶이되기를 소망합니다.

그렇다면 주님이 주시는 축복과 은혜를 온전히 받을 수 있는 성실한 일꾼의 삶이란 어떤 삶일까요?

1. 일하는 것은 사람의 의무

하나님께서는 사람에게 노동의 수고로 얻은 산물을 먹게 하셨으며(창 3:17), 일하기 싫거든 먹지도 말라고 하셨습니다.

살후 3:10/"우리가 너희와 함께 있을 때에도 너희에게 명하기를 누구든지 일하기 싫어하거든 먹지도 말게 하라 하였더니"

2. 우리는 하나님의 청지기

주님의 영광을 위해서 그리고 이 땅에 하나님의 의가 실현되도록 우리는 하나님께로부터 부여된 선한 일에 힘써야 하며, 책망 받을 것이 없는 일꾼이 되기 위해 맡은 일에 충성을 다해야 합니다.

고전 4:2/"그리고 맡은 자들에게 구할 것은 충성이니라."

3. 근면은 복의 통로

부지런한 자세로 열심히 의로운 일에 힘쓰는 자에게 하나님은 땀 흘린 것에 대한 합당한 복을 베푸십니다.

잠 10:4/"손을 게으르게 놀리는 자는 가난하게 되고 손이 부지런한 자는 부하게 되느니라."

부동산 투자로 수백억을 번 어느 40대의 간암 환자가 있었습니다. 그는 죽어가면서 ""사람이 죽으면 돈은 의리를 지키지 않는다."는 사실을 깨닫게 되었습니다. 자기는 돈을 위해서 밤잠을 자지 못하고, 그토록 의리를 지켰다가 병까지 들었는데, 돈은 의리를 지켜주지 않고, 자기의 죽음을 그냥 구경만 하고 있다는 사실을 알았습니다.

또한 자신이 죽어가고 있는데 돈은 누구 품으로 갈까 준비하고 있는 모습을 보았습니다. 그래서 그는 돈을 팔아 자기의 생명을 구해보려고 했습니다. 그는 어떤 유명한 목사님께 기도해 달라고 부탁했습니다. 목사님이 그에게 찾아가서 말했습니다. "자, 기도하기 전에 마음의 준비부터 하십시오. 오늘 기도가 그대로 이루어지기를 바랍니다." 그때 그가 말했습니다. "목사님, 저를 낫게 해주면 백억 원을 헌금하겠습니다." 그 소리를 듣고 목사님의 안색이 변하며 속으로 생각했습니다.

'어리석은 사람, 낫게 해 주면 하나님의 영광을 위해 살겠다고 할 것이지 백억 원을 헌금하겠다니? 그래도 몇 백 억의 돈은 남겨놨다가 살아서 재미 보려고 하는구나! 끝까지 돈이 최고인 줄 알고 하나님의 능력을 돈으로 사려고 하다니.'
곧 목사님은 기도를 하는 둥 마는 둥 하고 성경을 들고 그냥 터벅터벅 걸어 나왔다고 합니다.

약 2:5/"내 사랑하는 형제들아 들을지어다. 하나님이 세상에 대하여는 가난한 자를 택하사 믿음에 부요하게 하시고 또 자기를 사랑하는 자들에게 약속하신 나라를 유업으로 받게 아니하셨느냐."

우리 모두 부자가 되기를 축복하고 기도합니다.
그러나 우리 모두 위의 환자처럼은 살지는 맙시다.
그러므로 범사에 게으르지 말고 항상 부지런히 일하며, 내게 주어진 인생여정에 의무를 다하고, 일을 맡은 자로 범사에 최선을 다하며, 하나님께서 보시기에 영육 간에 근면하게 삶을 살아야 합니다.
창조주 하나님께 영광이 되는 진정한 부자의 삶이되기를 예수님의 이름으로 축복합니다.

새 세대가 오다

전 1:4,
한 세대는 가고 한 세대는 오되 땅은 영원히 있도다.

- 세초부터 세말까지, 하나님의 눈이 우리 위에 있습니다.

새로 맞이하는 한 해 동안 '코람데오', '하나님 앞에서' 두려움과 떪으로 구원을 이루며 힘차게 살아가자.
창조주께서 나를 사랑하사 내게 선물로 친히 하사해 주신 희망찬 너 새해야! 내가 너를 반겨 내 마음과 내 삶속에 기쁨과 감사함으로 환영하여 맞이하노라.

신 11:12,/"네 하나님 여호와께서 권고하시는 땅이라 세초부터 세말까지 네 하나님 여호와의 눈이 그 위에 있느니라."

희망찬 새해, 그 아름답고 장엄하고 빛난 자태로 찬란하게 빛나는 새해의 새 아침이 떠오릅니다.
그토록 사모하고 기다렸던 너의 크고도 놀랍고 위대하고 광대하고 풍성한 계획과 올 한해도 마라나타 주 예수그리스도를 기다립니다.

새해의 아침은 주께서 내게 주신 크고 위대한 희망이기에
오직 말씀과 기도로
365일의 하얀 백지 위에 나의 영적 삶의 그림을 그릴 성령의 부어주신 지혜와 계시의 정신을
힘입어 영성이 충만한 시간들로 채워주심을 소원합니다.

주께서 내게 주신 하루하루가 내게는 더 없이 아름답고,
설렘 속에 황홀한 꿈이요
미래의 나의 믿음의 집을 세울 굳건한 반석이 되리라
너는 나에게 희망과 꿈과 비전을 가져다 준
이 세상에 둘도 없는 단 하나의 나의 가장 소중한
순간들이 되리라 믿노라.

대한민국 나의 조국과 가정에, 그리고 나의 삶 속에 큰 희망을 가져온 기쁨이요 번영을 이룰 경제의 힘이 되어 우리 민족에게 행복의 웃음을 주는 평화의 사신이 되리라
그리스도의 풍요로운 품 안에서
나의 사랑하는 성도들이 가족이,
나의 다정한 친구들이,
나의 사랑하는 이웃들이,
참된 기쁨과 평안을 얻어
은혜와 진리가 충만한 한해가 되기를 기도하노라.

나의 가난한 영혼과 나의 연약한 몸이
날로 새롭게 하시는 주님을 앙망합니다.
너를 무시하는 자가 크게 화를 입을 것이요
너를 거슬리게 하는 자가
어두움의 영이 쳐놓은 두려움의 올무에 때마다 일마다
꽁꽁 묶일 것이요 네 앞에서 게으름을 피우는 자가,
좌절과 허망이라는 수렁에 빠지게 되리라
너를 존귀하게 여기는 자가 존귀함을 입을 것이요

너를 마음과 정성 다하여 기쁨으로 환영하는 자가,
승리하는 삶과 성공이란 큰 열매를 맺게 되리라
지혜롭게 값지게 알차게
성실하게 사는 자가
하나님의 은혜 속에 날마다 복되게 살리라

하나님께로부터 친히 선물을 받은 새해의 날들,
내가 너로 인하여 새 힘을 얻고,
너로 인하여 큰 기쁨과 즐거움,
승리와 평안을 얻기를 원하며.
나는 너를 결코 소홀히 여기지 아니할 것이며
너를 무의미 하게 지나쳐 버리지 않을 것이며
너를 대하여 가장 값지고 보람된 삶을 영위하리라.
네가 가진 그 풍성함을 통해서

나의 확신 있는 믿음과 하나님께서 주신 지혜로
갈고 닦아 찬란히 빛난 대 작품!
[하나님의 큰 뜻 새 일]을 이루며 값지게 살리라.

나는 성령의 도구가 되어 때를 따라 순간마다,
주님이 품고 있는 생명력 있는 빛과,
지혜와 지식과 명철과 총명과 이상과 몽조와
에너지의 강한 힘과 능력을,
내게 풍성히 공급하시며 내가 호흡할
공기와 산소를 내가 마실 생수를 솟게 하시며
건강한 몸과 맑은 영을 갖고
마음껏 주의 큰일을 기쁘게 이루도록…
새롭게 우리에게 주신 금년은 역사상에
가장 빛난 샛별 같이 길이 빛나게 되리라.

이토록 값진 홀해를 하나님께 선물로 받은 성도여!
그대는 주의 은혜와 평강과 지혜와 능력과 은사와
사랑과 평안함의 축복을 충만히 받아
전능하신 하나님께서 금년 한 해 동안의 날들에서
그대를 통하여 이루실 새 일에 대한 큰 약속을 따라
오직 의와 경건과 믿음과 사랑과 인내와 겸손과 온유를 좇으라.

그대는 빛의 자녀로서,

착함과 의로움과 진실함으로 밝게 살아갈지라.

이 거룩한 날들을 하나님이 주신 지혜로 아름답고
곱게, 곱게 알차게 설계하여
기쁨과 감사와 찬양과 영광과 존귀를 드리기 위하여 일어나
가정에서부터 혼란에 빠진 이 나라와
오대양 육대주에 생명의 빛을 발하여
착함과 의로움과 진실함의 삶으로 빛의 열매를 맺자.
너 하나님의 사람아, 너는 이 말씀을 365일 동안에
기억하고, 믿고 확신을 가지고 주님 발자취 따라
앞으로, 앞으로 나아가라

주께서 한 해 동안 주님의 생각이 나의 생각이 되게 하시고
주님의 경영이 나의 경영이 되도록 항상 함께 역사 이루소서.
너 하나님의 사람아,
한 해 365일 동안 주의 큰 뜻을 깊이 알아
주와 함께 풍성히 이룰지라.
나를 보내신 이가 나와 항상 함께 하시리라.

사 14:24/"만군의 여호와께서 맹세하여 가라사대 나의 생각한 것이 반드시 되며 나의 경영한 것이 반드시 이루리라."

요 8:29/"나를 보내신 이가 나와 함께 하시도다 내가 항상 그의 기뻐하신 일을 행하므로 나를 혼자 두지 아니하셨느니라."

금년 한 해 동안에, 내가 오직 주의 영광을 위하여 주의 기쁘신 뜻을 이루기 위해 기도하므로 계획을 세우고, 믿음으로 담대하고 힘차게 나아갈 때에 언제 어디서나 주께서 함께하셔서, 나를 통해 주의 뜻을 온전히 이루게 하옵소서.

해 아래서 무익한 인생

전 2:11,
그 후에 본즉 내 손으로 한 모든 일과 수고한 모든 수고가 다 헛되어 바람을 잡으려는 것이며 해 아래서 무익한 것이로다.

- 역사상 가장 지혜로운 사람이 남긴 명언은 무엇입니까?

수많은 영웅호걸들이 살다 갔지만?
동서고금을 막론하고 고대 이스라엘 솔로몬 왕처럼 한세상 원 없이 누리면서 지혜로운 통치를 했었던 위인이 또 있었을까?
솔로몬이 인생에서 좋다는 것을 다 누려본 뒤 인생 말년에 코헬렛(전도서)에 남긴 메시지는?

오늘날, 모든 사람들이 공감하며 교훈으로 삼는 코헬렛은 크게 세 가지로 압축 할 수 있습니다.

1. 언젠가 죽는다는 것을 기억하라
솔로몬 왕이 헛되다고 하는 가장 큰 이유는?

모든 사람이 언젠가는 죽기 때문입니다. 지혜로운 사람도, 어리석은 사람도, 부자도, 가난한 사람도, 모두가 다 죽는다는 것을 알고 있었습니다.

많은 재물과 권세를 가졌더라도 죽으면 다 소용이 없습니다.

어느 날 때가 되어 갈 때에는 모든 것을 두고 가야 합니다.

마지막 입고 갈 수의에는 주머니가 없습니다.

일평생 고생해서 쌓아 놓은 부와 권세가 그것을 얻기 위해 전혀 수고하지도 않은 다른 사람들에게 넘어갈 뿐인데...

오늘도 더 가지려고 치열한 전쟁을 치르고 있습니다.

언젠가는 죽는다는 사실을 늘 기억 하며 살라는 것입니다.

2. 늘 겸허하라

솔로몬 대왕이 헛되다고 하는 또 다른 이유는?

사람이 능력이 있어 노력 한다고 해도 노력의 대가를 다 보상 받지 못하고 아무리 선하다고 해서 다 좋은 결과를 얻는 것은 아닙니다.

똑똑하다고 해서 돈을 많이 버는 것도 아니며, 지혜롭다고 해서 권력을 얻는 것도 아니며, 아무리 잘 나가는 인생이라도 재앙의 날이 홀연히 임하면 한 순간에 나락으로 떨어진다는 것을 알았습니다.

또 착한 사람이라고 다 복 받는 것도 아니고 …… .

오히려 적당히 반칙을 하면서 융통성 있게 사는 사람이 죽을 때까지 잘 먹고 잘 살고 있습니다.

세상이 이처럼 불합리한 이유를 다 이해할 수 없습니다.

그러니 자기 인생조차 자기 마음대로 할 수 없고 아무리 노력해도 알

수 없는 것이 있다는 사실을 인정하고, 겸허하라고 했습니다.

3. 현재를 누리라

솔로몬 대왕은 자신이 언제 어떻게 될지 조차 알 수 없고, 확실한 것은 언젠가 죽는다는 것 밖에 없으니 살아 있는 동안 기뻐하고 감사 하라고…….

자신에게 주어진 환경에서 수고해 일하는 것으로 만족하고 노동의 대가로 얻은 소득으로 먹고 마시는 일상을 살아가는 것이 인생의 가장 큰 기쁨 이라는 것을 말하고 있습니다.

자기에게 허락된 경계 너머로 나가려고 너무 욕심내지도 말고 ……

세상이 불공정하다며 너무 불평하며 이유를 따지지도 말고 그저 주어진 하루하루를 충실히 기쁨으로 살라는 것 …… .

그것이 죽음으로 삶과의 경계가 그어지고 지식에 한계가 있는 인간이 헛된 인생을 가장 보람 있게 사는 비결이라는 것 …… .

우리가 인생을 100년 동안 산다 해도 우주의 시간으로 본다면 찰나의 순간 …… .

서로 배려하고 존중하며 살기에도 시간이 부족한데 미워하고 시기하면서 살기에는 시간이 너무 아깝습니다.

롬 4:7-8/"그 불법을 사하심을 받고 그 죄를 가리우심을 받는 자는 복이 있고 주께서 그 죄를 인정치 아니하실 사람은 복이 있도다 함과 같으니라."

사랑과 행복이 가득하시기를 빕니다.

열국의 재물을 얻는 자

사 10:14,
나의 손으로 열국의 재물을 얻은 것은 새의 보금자리를 얻음 같고 온 세계를 얻은 것은 내어버린 알을 주움 같았으나 날개를 치거나 입을 벌리거나 지저귀는 것이 하나도 없었다 하는도다.

- 전심으로 기도하는 자에게 축복의 문이 열립니다.

창조주 하나님 말씀에 의지하여 기도하는 성도에게는 하나님께서 큰 복을 주십니다.
하나님은 항상 복을 주시지만 특히 봄은 가장 좋은 축복의 계절입니다. 이 계절에 하나님의 사랑을 가장 가까이에서 만납시다. 이 계절에 더욱더 말씀의 사람이 되어 기도하면 인생의 근본문제인 죄와 사망의 문제를 더욱 해결해 주시리라 믿습니다.
그리고 성령 충만케 하시는 가운데 영생의 소망은 영의 기도, 신령한 영의 사람이 되게 하십니다. 실로 영의 문제가 해결되면 육의 문제 또한 해결이 되는 것은 말할 것도 없습니다.

모든 천하 만물이 새롭게 소생되는 새봄에 고난당하신 주의 이름을 부르며 전심으로 주의 도움을 구하며 기도하는 사람에게 형통의 길은 열립니다.
스탠더드 오일(Standard Oil)회사라고 하면 세계적으로 우수한 기름회사로 이집트에서 기름을 퍼내고 있는 유명한 회사입니다. 그런데 어떻게 미국의 스탠더드 오일 회사가 이집트에서 석유를 퍼내게 되었는가 하는 것은 잘 알려져 있지 않습니다.

스탠더드 오일 회사의 중역 가운데 신앙이 돈독한 사람이 한 명 있었습니다.
그는 기도하는 사람이었습니다.
그는 성경의 사람이었습니다.
그는 늘 주의 은총을 간구하였습니다.
그가 성경을 읽던 중 출애굽기 2장을 읽고 있는데, **"레위 족속 중 한 사람이 레위 여자에게 장가들었더니 그 여자가 잉태하여 아들을 낳아 그 준수함을 보고 그를 석 달 동안 숨겼더니 더 숨길 수 없이 되매 그를 위하여 갈 상자를 가져다가 역청과 나무 진을 칠하고 아이를 거기 담아 하숫가 갈대 사이에 두고"**(출 2:1-3)라는 구절을 읽게 되었습니다.

이 성경 구절을 읽는 동안에, 그의 머리에 무엇인가 번갯불처럼 지나가는 것이 있었으니. 역청이라고 하는 것이었습니다. 역청은 영어로 피치(pitch)라고 하는 것인데 그것은 바로 석유의 일종입니다.
모세의 어머니가 역청을 구할 수 있었다면 바로 그곳에 기름이 날 것이 틀림없다고 판단한 그는 찰스 휫샤트(Charles Whitshott)라는 지질학자를 이집트로 보내어 현지조사를 하게 했습니다. 그런데 아닌 게 아니라 바로 그곳에서 커다란 유전을 발견하게 된 것입니다.

그렇습니다. 창조주 하나님의 말씀을 읽고 묵상하며 깊이 깨닫는 것은 영적 축복이 열립니다.
그러므로 그 영적 눈으로 성경을 읽는 자에게 영적 축복은 물론, 육적 양식까지 제공하는 놀라운 일이 일어나는 것을 알 수 있습니다.
실로 말씀 그대로 하나님은 큰 복을 주십니다.
영적인 사람에게 축복의 통로가 열리게 하십니다.

그렇다면 어떤 축복의 통로일까요?
1. 열국의 재물을 얻도록 내 지경을 넓혀 끝없이 복 주시는 하나님이십니다.
2. 새의 보금자리를 얻음같이 높은 곳에 이르게 하고 절대 안전하고 견고하게 하십니다.
3. 온 세계를 얻음이 내버린 알을 주움같이, 은혜로 진정한 치부(致富)가 이루어집니다.
4. 어느 누구도 날개를 쳐 흩어지게 하지 않고, 훼방의 영이 덤비지 못합니다.
5. 입을 벌리거나 지저귀어 비방하거나 이의를 제기함이 없이 순탄하게 부자(富者)가 되게 하시고 영육간 거부(巨富)가 되게 하십니다.

그런즉 우리 모두 매일 매일 진정한 영의 사람이 되기를 바랍니다.
매일 은총을 베푸시는 하나님께서 그의 약속된 말씀을 의지하는 사람을 반드시 하늘 문이 열리는 복을 주십니다.
그러므로 은혜를 사모하게 하시는 창조주 하나님만을 의지하는 범사가 됩시다. 삶의 모든 역경에서 새롭게 자신을 일으켜 세우시는 하나님만 바라보십시다.
창조주 하나님께서 보장하시는 신령한 복을 영육 간에 더욱더 풍성히 받아 누릴 수 있도록 매순간마다 전심으로 말씀과 찬송과 기도하는 삶의 범사가 되기를 예수님의 이름으로 축복합니다.

큰 나팔소리

사 27:13,
그 날에 큰 나팔을 불리니 앗수르 땅에서 멸망하는 자들과 애굽 땅으로 쫓겨난 자들이 돌아와서 예루살렘 성산에서 여호와께 예배하리라.

- 복음의 나팔 소리를 듣는 열린 귀가 되어야 합니다.

성경에서 나팔 소리는 하나님의 음성 또는 말씀을 상징합니다.(출 19:16) 그리고 나팔은 단순히 소집 혹은 찬양을 위한 도구(민 10:2, 스 3:10) 외에 하나님의 임재를 구하는 도구로도 사용되었습니다(민 10:9, 10).
실제로, 여호수아는 여리고성 함락 시 나팔을 불어서 승리를 하였습니다.(수 6:1-21) 바울은 하나님을 대적하는 자들과의 전쟁 선포를 나팔 소리로 알릴 것이라고 말하고 있습니다(고전 14:8). 이렇듯 나팔은 성경 전반에 걸쳐 하나님의 일을 위한 도구로 사용되었습니다.

우리에게 들리는 복음의 나팔 소리에는 어떠한 의미가 있습니까?

1. 능력의 나팔

한 번 울리기만 하면 누구나 들을 수 있도록 큰 소리로 울려 힘을 발하는 능력의 소리입니다

롬 10:17/"그러므로 믿음은 들음에서 나며 들음은 그리스도의 말씀으로 말미암았느니라."

2. 경고의 나팔

듣는 자는 누구든지 복음으로 돌아오도록 경고하는 동시에, 사단으로 하여금 성도들을 떠나도록 경고합니다.

시 119:10/"내가 전심으로 주를 찾았사오니 주의 계명에서 떠나지 말게 하소서."

3. 승리의 나팔

이제까지 복음을 통해 성취된 모든 승리와 앞으로 쟁취해야 될 영광스런 승리를 알려 줍니다.

고전 15:52/"나팔 소리가 나매 죽은 자들이 썩지 아니할 것으로 다시 살고 우리도 변화하리라."

나팔소리가 병영에서 새벽에 울려 퍼질 때는 기상 소리입니다.
그러나 갑자기 울려 퍼지면 전투입니다.

주님께서 재림 시에 울려 퍼지는 나팔소리는 세상 역사의 종말의 나

팔소리입니다. 이 소리를 듣는 사람은 공중에 들림 받는 은혜를 입을 것입니다.
창조주 하나님의 나팔소리가 울려 퍼지면 이 땅의 모든 일을 멈출 것입니다. 그런즉 종말의 나팔소리가 울리기 전에 우리는 다가올 미래를 준비하는 지혜로운 자가 되십시다.

창조주 하나님께서 들려주시는 경고의 나팔소리를 들을 수 있는 열린 귀가 되기를 소망합니다. 오늘, 말씀 안에서 증거 하는 이사야에게 들린 나팔소리는 구원의 부르심 입니다. 구원의 부르심에 나팔 소리에 응답하는 심령이 되기를 바랍니다.

이 세상 마지막 때에 멸망이 아니라 구원의 소식을 선포하는 은혜로운 나팔 소리를 듣는 귀가되어 우리 모두 영육 간에, 영생복락 생명의 축복이 차고 넘는 인생여정이 되기를 예수님의 이름으로 축복합니다.

인생은 누구의 손에 붙들리느냐의 차이다

사 41:13,
이는 나 여호와 너의 하나님이 네 오른손을 붙들고 네게 이르기를 두려워 말라 내가 너를 도우리라 할 것임이니라.

-'페이스북'에 현재 구리시 예인교회 담임이신 김순원 목사님께서 우리 왕성교회에서 사역하시던 최봉익 목사님에 대한 신앙여정을 올리신 글입니다. 자승 스님과의 관계도 상세하게 소개하며 감동을 주는 이 글이 은혜가 되시기를 기도합니다.

1.
2023. 11. 29일 충격적인 소식이 전해졌다. 대한불교 조계종 제33대와 34대 총무원장을 지낸 자승이 스스로 목숨을 끊었다는 뉴스다. 나는 그 소식을 접할 당시에, 최봉익 목사님이랑 신림동의 한 카페에서 커피를 마시고 있었다. 그날 치과 치료가 옛 동네인 그곳에 있었기 때문이다. 한국불교의 최대 교단인 조계종의 실세로서 최고의 권력을 누리던 자승이 그렇게 생을 마감했다는 소식은 큰 충격이 아닐 수 없다. 불교 당국은 소신공양이라고 하지만, 수사당국은 여러 가능성을

염두에 두고 다방면으로 수사하고 있다.
어떤 종교든 생명은 귀하게 여긴다. 또한 스스로 생명을 끊는 것에 대해 경계하며 죄로 단정한다. 부와 명예를 누리며 각종 의혹의 중심에서 있었던 그가 이토록 허망하게 세상을 등진 사건은 씁쓸하다.

2.
1973년 2월 여전히 바람이 차가웠다. 막 고등학교를 졸업한 앳된 얼굴의 두 청년이 해인사에 들어왔다. 춘천과 대구에서 각각 고향과 부모 형제를 떠나 세속의 연을 뒤로하고 온 청년들이었다. 이미 그곳에는 열 명이 넘는 행자들이 있었지만 둘은 나이도 같고 들어온 시기도 비슷해 금방 친해졌다. 둘은 서로 의지하면서 본격적인 행자의 삶을 시작했다.
수백 명이 넘는 고참 승려들을 위한 밥 짓기, 설거지, 여러 채의 사찰 건물과 마당 청소하기, 군불 지피기, 빨래 등 산더미처럼 일거리가 많았다. 하지만 친구인 둘은 함께 하였기에 그 모든 과정을 잘 이겨낼 수 있었다. 또한 장차 승려로서 불쌍한 중생들을 이끌기 위해서는 그런 일들은 기꺼이 감당해야 했다.
그렇게 여러 날 승려가 되기 위해 행자와 수행의 길을 걷고 있을 때 이들에게 각각 자기 스승으로부터 법명도 주어졌다. 춘천에서 온 이는 '자승', 대구에서 온 이는 '계정'이었다. 자승과 계정은 1년 6개월 정도 함께 행자 동기로서 지내다가 조계종의 정식승려가 되어 각각 자신에게 주어진 길로 떠나면서 헤어졌다.

3.

자승은 야망과 꿈이 큰 승려였다. 그래서 총무원장을 지낸 9대 '경산스님'과 30대 '정대스님'을 스승으로 모시고 적조사, 용주사, 보문사 등에서 승려로서 살았다. 그러다가 2009년 조계종 제33대 총무원장 선거에서 압도적인 지지율로 당선되었고, 4년 후 재선에도 성공했다. 총무원장 임기를 끝내고는 동국대 건학위원회 고문이자 총재가 되어 동국대학교의 실권마저 쥐었다.

자승은 이렇게 화려한 이력과 권력, 부와 명예를 한 손에 쥔 인물이었다. 많은 이들의 주목을 받는 연예인들, 정치가들, 심지어 대통령 후보들마저 찾아가 다담(茶啖)을 나눌 정도로 그는 다방면서 영향력을 드러낸 종교가였다.

4.

자승에 비하면 계정은 소소했다. 계정은 합천 해인사, 공주 마곡사, 청도 용천사 등에서 승려의 길을 걸었다. 자승과 달리 계정은 그 어떤 권력도, 부도 명예도 탐하지 않았다. 그저 불경을 외며 자신을 수행하는 평범한 승려의 길만 정진할 뿐이었다. 사실, 승려의 길도 자신의 선택보다 대구의 한 병원장이면서 불심이 깊은 아버지 소원으로 네 아들 중 셋째아들인 자신이 선택되었을 뿐이었다. 계정은 불교철학에 심취할수록 도리어 마음이 공허해졌다.

우울증도 찾아와 승려의 길을 계속 걸어갈 자신도 없었다. 승려가 된 지 10년이 되었을 때 계정은 결단했다. 승복을 벗고 환속하기로 말이다. 여러 날 번민과 고민을 해도 그 길만이 자신이 살길이었다. 환속하기 전날 밤, 청도 용천사에서 자승과 계정, 그리고 또 다른 승려 친구와 밤새도록 술을 마시며 삶의 고뇌를 나누었다. 다음날, 계정은 절간을 뒤로한 채 세상으로 돌아왔다.

그리고 통신사업과 잘 생긴 외모로 CF모델로 데뷔해 여러 편의 광고도 찍었다. 그 기간에 역시 의사인 아버지를 둔 예쁜 한 여인을 만나 결혼도 했다. 하지만 고등학교 졸업해 절간에서 있었던 순진한 그에게 세상은 호락호락하지 않았다. 연속되는 실패로 어떻게 살아야 할지 막막했다.

배운 것이 불경을 외며 정성을 다하는 것이라 매달 2번씩 대구 팔공산 갓바위 올라가 108번 절하며 부처의 이름을 불렀다. 하지만 부처의 이름을 부르면 부를수록 더 고통스러웠다. 더 이상 자신을 버틸 힘이 없었던 그는 생을 마감하려 했다.

대구 삼덕소방서가 보이는 한 설렁탕 집에서 소주를 마시고는 마지막으로 아내의 목소리라도 듣고 싶어 전화했다. 아무것도 모르는 그의 아내는 반갑게 맞으며 누군가를 만나러 가야 하니 얼른 오라 했다. 순간 아내의 얼굴이 보고 싶어 집으로 갔다. 그리고 그날 평소 자신을 전도하려 했던 송이 아빠를 만나 복음을 받는다.

그리고 바울처럼 그날 극적으로 주님을 영접했다. 3일 후부터 새벽예배까지 나갔다. 막다른 길목에서 주를 만난 그 기쁨과 은혜는 말로 다 표현할 수 없을 정도로 컸다. 그날 이후 승려로서 도를 닦을 때 느껴보지 못한 평안함이 그의 생을 덮어버렸다. 그 은혜가 너무나 크고 놀라워 그는 다시 성직자의 길을 선택한다. 승려가 아니라 목회자가 되기 위해서 말이다. 늦은 나이였지만 칼빈대학교에 들어가 성경과 신학을 배웠다. 그리고 목사가 되었다. 승려에서 목사가 된 그는 지금 자신의 받은 은혜와 사랑을 코스타 강사로, 일본과 필리핀 등 선교지로 다니면서 전하고 있다. 어느새 그의 나이도 내일 모레면 칠순을 맞이하지만 그는 여전히 청년 같이 복음을 전하고 있다. 그가 최봉익 목사다.

한때 계정과 자승은 같은 길을 출발했지만 자승은 불길 속에서 고통스러워하며 스스로 목숨을 끊어버렸고, 계정은 목사가 되어 지금도 복된 삶을 살고 있다. 결국, 인생은 누구의 손에 붙들리느냐의 차이다.

롬 8:5-6/"육신을 좇는 자는 육신의 일을 영을 좇는 자는 영의 일을 생각하나니 육신의 생각은 사망이요 영의 생각은 생명과 평안이니라."

생명의 강, 사망의 강

렘 21:8,
여호와께서 가라사대 너는 또 이 백성에게 여호와께서 이같이 말씀하신다 하라 보라 내가 너희 앞에 생명의 길과 사망의 길을 두었노니

- 이스라엘과 팔레스타인에는 2개의 바다가 있는데 하나는 갈릴리 해이고, 하나는 사해입니다.

갈릴리 해는 물이 맑고, 고기도 많으며, 강가엔 나무가 자라고, 새들이 노래하는 아름다운 생명의 바다입니다.
그런데 사해는 더럽고, 바다에 염분이 너무 많아 고기도 살 수 없고, 새들도 오지 않고, 어떠한 생물도 살지 않는 죽음의 바다입니다.

똑같은 요단강 물줄기에 멀지 않은 곳에 위치한 갈릴리 바다와 사해는 왜 이렇게 차이가 날까요? 왜 하나는 생명이 숨 쉬는 바다가 되고, 하나는 이름 그대로 죽음의 바다가 되었을까요?
그것은 요단 강 때문도 아니고 토양 때문도 아니고, 기후 때문도 아니며, 그 이유는 다른 것에 있었습니다. 갈릴리 해는 강물을 받아들이지

만 그것을 가두어 두지 않습니다. 한 방울이 흘러들어 오면 반드시 한 방울은 흘러 나가는데 주는 것과 받는 것이 똑같습니다.
그러나 반면에 사해는 들어 온 강물을 절대 내어 놓지 않습니다. 한 방울이라도 들어오면 자신의 것이라고 그것을 가져 버리고, 한 방울의 물도 내놓지 않는다고 합니다. 받기만 하고 주는 것을 모릅니다.
생명의 바다와 죽은 바다…
받은 만큼 주는 바다와 받기만 하고 주지 않는 바다…

사람도 두 종류가 있는데 우리는 사해가 될 수도 있고, 갈릴리 해가 될 수도 있습니다.
여러분은 어떠한 삶으로 보내길 원하시는지요?

부족 할 것 없어 한없이 살고 싶었던 중국의 진시황도, 영원한 소녀의 이미지를 가졌던 오드리 햅번도, 세계 주먹을 재패하며 한 시대를 풍미하던 미국의 흑인 권투 선수 무함마드 알리도, 돈이라면 부족할 것 없는 스티브 잡스도, 영원할 거 같았던 북한의 김일성도, 재물과 명예를 다 가진 이병철 회장이나 정주영 회장도, 한껏 웃겨 주던 코미디언 배삼룡도, 왕복이 없는 인생 열차에서 한 번도 돌아 온 적이 없는 인생 왕복 열차를 못 탔다고 합니다.

"주라 그리하면 너희에게 줄 것이니 곧 후히 되어 누르고 흔들어 넘치도록 하여 너희에게 안겨 주리라 너희의 헤아리는 그 헤아림으로 너희도 헤아림을 도로 받을 것이니라."(눅 6:38)

정녕 응하리라

합 2:3,
이 묵시는 정한 때가 있나니 그 종말이 속히 이르겠고 결코 거짓되지 아니하리라 비록 더딜지라도 기다리라 지체되지 않고 정녕 응하리라.

- 나에게 맡겨진 삶을 대충대충, 무의미하게 살면 안 됩니다.

사람은 자신의 인생길에서, 분명한 부르심과 목적을 알고, 어떻게 살아야 하는지를 생각하면서 살아야 합니다. 우리가 알고 있는 하나님의 성품 가운데 중요한 하나는 '하나님은 공평하시다'이십니다.

그런데 실제로 세상을 들여다보면, 이 세상은 불공평하기 그지없고 이것을 허용하신 하나님 역시 공평하지 않다는 느낌을 지울 수가 없습니다.

하박국 선지자도 우리와 비슷한 고민을 가졌습니다. 의인이 핍박을 당하고 악인이 번창하는데 왜 가만히 계십니까, 언제까지 고통을 보실 겁니까, 에 대한 고민입니다. 그래서 그는 작정을 하고 하나님의

대답을 기다립니다.(합 2:1)

그에게, 하나님의 응답은 무엇입니까?
하나님의 약속은 성취됩니다. 문제는 응답의 순간까지 기다려야 합니다. 그리고 죄가 번창하고 악이 다스리는 세상에서 하나님의 백성으로 살 수 있는 방법은 오직 한 가지, 믿음입니다.

합 2:3/"의인은 믿음으로 말미암아 살리라."

의인은 '하나님의 약속을 믿고 따르는 자'입니다. 의인이 믿음으로 산다는 것은 무슨 말입니까? 하나님의 사람은 약속의 성취가 늦어져 힘들더라도 강하게 버티며 삽니다. 왜 입니까? 끝까지 버틸 때 약속의 성취를 보게 되기 때문입니다.

이 시대는 하나님의 약속을 믿고 버티는 사람들에 의해 하나님 나라의 생명이 나타납니다. 하나님의 마음을 생각합시다. 우리의 불성실함과 게으름, 때로는 하나님을 사랑한다 하면서도 다른 우상들을 섬겼던 우리에 대해 참고 견디셨습니다. 우리를 향한 하나님의 믿음이 오늘 우리를 이곳에 있게 했습니다.

- 우리의 삶의 자리에서 약속을 붙들고 견고히 설 때, 하나님은 끝내 우리를 이기게 하심을 확신하는 복된 날 되기를 소망합니다. 하나님! 많은 허물과 부족에도 불구하고 그동안 오래 참으심으로 지금까지 우리를 살게 하신 은혜에 감사를 드립니다. 이 은혜를 기억하면서 어렵

고 힘들 때마다 주님의 약속을 붙잡고 믿음으로 기다리고 참으며 굳건히 버티게 하옵소서.
예수님의 이름으로 기도합니다. 아멘.

백기호목사가전하는

생명의 샘

신약: 메시지

말씀으로 살 것이라

마 4:4,
예수께서 대답하여 가라사대 기록되었으되 사람이 떡으로만 살 것이 아니요
하나님의 입으로 나오는 모든 말씀으로 살 것이라 하였느니라 하시니

- 내게 주시는 말씀으로 견고히 승리하시기를 기도합니다.

육신은 밥으로. 빵으로. 떡으로 에너지를 공급받아 건강을 유지합니다. 영적 하나님의 자녀들은 먹을 양식이 따로 있으니 곧 영의 양식. 하늘의 양식. 매일 하나님이 감동으로 주시는 생명의 말씀을 읽고 듣고 묵상하여 매일 양식을 공급 받아야 합니다.

요 4:32/"이르시되 내게는 너희가 알지 못하는 먹을 양식이 있느니라."

육신의 양식은 땅에서 나오지만, 영의 양식은 하늘에서 공급됩니다. 하나님의 말씀은 내 발의 등이요, 내 길에 빛이십니다. 기도할 때 주시는 감동, 예배드릴 때 심령에 부딪치는 레마의 말씀, 성경을 읽을 때 깨닫게 되는 진리입니다
이 영의 양식으로 영혼은 새 힘을 얻고 소생합니다. 예수님께 양식이

있는 것입니다

- 주님, 귀를 열어 주십시오.

내 영이 주려 혼미하지 않도록 말씀이 들리고 깨달아 지게 하소서. 시대를 분별하며 날마다 철저히 회개하여 주님 앞에 서는 날을 준비하는 은혜를 주옵소서.

히 11:6/"믿음이 없이는 하나님을 기쁘시게 하지 못하나니 하나님께 나아가는 자는 반드시 그가 계신 것과 또한 그가 자기를 찾는 자들에게 상 주시는 이심을 믿어야 할지니라."

사업을 하려면 자본이 있어야 합니다. 자본이 모자라면 기업도 부도가 나는 겁니다. 믿음은 성도의 자본입니다. 우리는 절대 믿음의 부도가 나지 않아야 합니다. 성도에게는 믿음만이 자본이요. 자산이요. 자원입니다.

온전한 신앙생활에는 믿음이 절대적입니다. 하나님은 믿음 있는 자를 불러 시대마다 일꾼으로 쓰셨으며, 사람을 축복하신 것이 아니라 그의 믿음을 축복하셨습니다.

예수님은 병자의 믿음을 보시고 고쳐주시고 또 믿음을 보시고 기적도 행하셨습니다. 믿음이 없이는 하나님을 기쁘시게 할 수 없습니다. 오늘도 믿음의 자본을 든든히 하여 하나님을 기쁘시게 하시기를 기도하며 축복합니다.

아브라함과 같은 믿음, 이삭과 야곱 같은 믿음의 사람들 앞에서 믿음의 역사가 나타나도록 영적계보의 보증물을 주시고 복음의 발자취 남기는 이하루가 되시기를 기도합니다. 아멘

하나님의 비밀인 그리스도

마 16:16,
시몬 베드로가 대답하여 가로되 주는 그리스도시요 살아계신 하나님의 아들이시니이다.

- 왜 그리스도가 비밀입니까?

예수가 그리스도요, 그리스도가 예수라 생각하고 지금까지 불러왔는데 하시는 사역이 전혀 다르기에 분명히 알고 부르고 사용하면 더욱 밝아지고 더욱 풍성한 은혜를 누리게 됩니다.
구속사를 이루기 위해 이 땅에 오신 분
죄인을 구원하시기 위해 자기 땅에 오신 그 이름 예수
아브라함과 다윗의 자손 예수그리스도의 세계라.(족보)

그리스도는 원래 예수의 거룩한 이름입니다. 이 땅에 죄인을 구원하시기 위해 오실 때의 이름이 예수(마 1:21), 그리스도는 감추어진 비밀의 이름입니다.

하나님의 비밀(골 1:27, 2:2~3; 엡 1:9, 3:4, 5:32; 골 4:3 등)이라고 하십니다. 그리스도의 뜻을 잘……. 이론(지식)으로 알아도 매일, 매일 다시 오실 주님을 간절히 소망하며 입으로 시인(롬 10:10; 빌 2:11) 해야 나에게 이루어집니다.
복 되고 좋은 말을 축도처럼.. 사도신경처럼... 기도 마칠 때도 예수님의 이름도 부르지만 하나님의 비밀인 그리스도를 함께 입으로 고백하면 좋을 것입니다.

그리스도는 아무나 말하며 고백할 수 있는 이름이 아닙니다. 마 16:29; 눅 4:41; 요 8:22 등이 말씀하고 있습니다.
초대 교회의 제자들도 병든 자를 치료 할 때 예수 그리스도의 이름(행 3:6, 16:18에서는 귀신을 쫓아 낼 때 등....)을 사용하였습니다.
13대의 예수 이름의 시대가 끝나고, 14대(마 1:17)시대가 올 것이다.....(요1서 5:1, 골 3:1, 히 8:28, 계 11:15) 신으로 오셔서 낮은 자로 오시고. 죄인들에게 어두운 곳에 사망에 처한 인간들에게 생명의 빛으로 오신 예수 자기 백성을 저의 죄에서 구원을 위해 오신 예수

예수님의 탄생의 족보 마태복음

마 1:12, 16-17/ "바벨론으로 이거한 후에 여고냐는 스알디엘을 낳고 스알디엘은 스룹바벨을 낳고", "야곱은 마리아의 남편 요셉을 낳았으니 마리아에게서 그리스도라 칭하는 예수가 나시니라 그런즉 모든 대 수가 아브라함부터 다윗까지 열 네 대요 다윗부터 바벨론으로 이거할 때까지 열 네 대요 바벨론으로 이거한 후부터 그리스도까지 열 네 대러라"

하나님께서는 14대를 말씀하시고, 13대로 끝나고, 하나님의 거룩한 숫자에 과연 오류가 있나요? 여러 학설로 분분 했으나 하나님은 실수하실 수 없는 분입니다. 우리의 눈이 열리지 못했을 뿐입니다.
거룩한 족보에 내가 들어가야 14대로 끝을 맺으며, 온전한 숫자를 이룬다는 억지의 해석을 하기도 했습니다.
그러나 이는 예수를 그리스도와 같이 보기 때문이었습니다.
분명히 예수의 이름은 많은 이들이 가지고 있는 이름입니다.

구약에서는 약 예수의 동명이름이 29번 사용되었고,
신약에서는, 행 13:6- "온 섬 가운데로 지나서 바보에 이르러 바예수라 하는 유대인 거짓 선지자 박수를 만나니"
골 4:11- "유두고라는 예수"
나사렛 예수, 목수의 아들 예수, 요셉의 아들 예수는 믿는 자들에게는 친숙한 이름으로 가장 아름답고 존귀한 이름입니다.
그러나 바리새인, 서기관과 유대인들에게는 흔하고 천하고 믿어지지 않는 이름이었습니다. 오늘날까지도 멸시의 이름, 하나님의 아들이라 불리어지는 것 까지도 싫은 이름입니다.

성경 속에 흔히들 불리어지는 평범한 이름 예수,
그래서 칭하는 이름 예수와 그리스도가 분명히 구분이 되면 14대가 들어맞고 거룩한 족보에 그분의 피의 혜택을 받기 전의 그 누구도 거룩한 계보에 절대로 들어갈 수 없다.
육신으로 오신 예수와 그리스도로 오신 메시아가 따로 분리되어짐으로 하나님의 구속의 경륜은 한 치의 오차 없이 완성됩니다.

세상 사람들이 인자를 누구냐 물을 때에 요한의 아들 시몬은 "주는 그리스도시요 살아계신 하나님의 아들이시니이다."라고 대답했습니다. 이는 성령의 계시로 아는 하나님의 비밀이었습니다.

롬 6:8-9/"만일 우리가 그리스도와 함께 죽었으면 또한 그와 함께 살줄을 믿노니 이는 그리스도께서 죽은 자 가운데서 사셨으매 다시 죽지 아니하시고 사망이 다시 그를 주장하지 못할 줄을 앎이로라."

우리는 예수를 영접하므로 구원을 받고, 보혜사 성령의 인도를 받아 거룩함에 이루고, 그리스도께서 다시 오시므로 영화롭게 되므로

그리스도의 이름으로 기도하고,

그리스도의 이름으로 축복하고

그리스도의 이름으로 영광에 이루게 됩니다.

히 9:28/"이와 같이 그리스도도 많은 사람의 죄를 담당하시려고 단번에 드리신 바 되셨고 구원에 이르게 하기 위하여 죄와 상관없이 자기를 바라는 자들에게 두 번째 나타나시리라."

손을 내밀라

막 3:5,
그들의 마음이 완악함을 탄식하사 노하심으로 그들을 둘러보시고 그 사람에게 이르시되 네 손을 내밀라 하시니 내밀매 그 손이 회복되었더라.

- 주님께 손을 내밀어 전심으로 간구해야 합니다.

기도의 손. 손을 들고 기도할 때입니다. 우리 안팎의 병들이 다 회복되기를 바랍니다.

노먼 빈센트 파일 목사의 건강 비법입니다.
첫째: 병이 생기면 의사를 부르듯 목사를 부르라.
둘째: 그대의 몸, 마음, 영혼의 완치자는 예수 그리스도라는 사실을 믿어라.
셋째: 그대의 몸은 영혼의 성전이라는 사실을 알고 그것을 귀중하게 취급하라.
넷째: 모든 복수심과 미움을 버려라.
다섯째: 그대의 담당 의사를 위해서 기도하라.

여섯째: 매일 운동하고 성경 읽고 기도드리면 그대의 몸, 마음, 영혼이 튼튼해진다.
일곱째: 건강을 생각하여 그대 자신이나 사랑하는 자들에게 악의를 품지 말라.
여덟째: 창조주 하나님이 건강의 원천이라는 사실을 알라.
아홉째: 성경에 기록된 건강의 규칙들을 연구하고 실천하라.
열째: 치료자는 의사지만 완치자는 하나님이심을 믿어라.

이 건강비법대로 삶을 산다면 건강이 반드시 회복되리라 믿습니다. 분명한 사실은 병이 들었으면 숨기지 말고 주님에게 가지고 나와야 하며, 주의 종에게 기도를 부탁하고, 성도들과 함께 치유의 중보함으로써 치료받기를 힘써야 합니다.

그런데 자기의 병을 부끄러워하여 병을 감추고 홀로 투병한다면 병이 낫기보다는 덧나고 악화될 수 있다습니다. 옛말에도 "병은 소문을 내어야 낫는다고 합니다. 손 마른 사람이 회당에서 그의 병든 손을 감추고 내놓지 않았다면 그는 평생 그 상태로 살아야했을 것입니다. 그는 회중 앞에 공개적으로 주님의 명령을 따라 순종함으로 치유함을 입었습니다.

주님 앞으로 나와 치료받기를 전심으로 간구해야 합니다.
① 주님이 말씀하심에 완악하지 마시기 바랍니다.

② 주님의 진노를 받을 상황으로 가지 마십시오.

③ 손을 내밀라 하십니다. 여기에서 손을 내민다는 것은 선한 일을 할 수 있는 상황에 손을 감추었다는 의미로도 새겨봅니다. 선행에 손을 내밀지 못한 이 사람도 손 마른 사람입니다. 내가 그동안 거두어 버린 손, 용기를 내지 못하였던 일들이 참으로 많았다면 그것을 향하여 손을 내밀기 바랍니다. 삶의 범사에 순종이 중요합니다.

④ 손을 내밀 기회를 스스로 만들어 손을 내밀기 바랍니다. 주님이 말씀하시는데 손을 내밀기 바랍니다. 이 세상에는 그대이 손을 내밀어야할 곳, 손을 내밀어야 할 사람들이 엄청나게 많습니다. 손을 내밀 때 기적이 일어납니다. 그런즉 주저하지 마시기를 바랍니다.

⑤ 손이 회복되는 은혜는 그대의 것입니다. 손이 회복되습니다. 병이 낫습니다. 범사의 삶에 은총이 임합니다.

우리 모두 주님의 치유하시는 능력의 말씀을 힘입읍시다. 그리고 십자가와 부활의 능력, 그 은혜를 힘입어 병든 영, 혼, 육이 더욱더 날마다 건강하게 됩시다. 그러므로 창조주 하나님의 형상으로 지음 받은 본질의 형상을 온전히 회복하여, 우리 모두 날마다 강건한 복된 인생 여정의 삶이 되기를 예수님의 이름으로 축복합니다.

가장 어리석은 자

눅 12:20,
하나님은 이르시되 어리석은 자여 오늘 밤에 네 영혼을 도로 찾으리니 그러면 네 예비한 것이 뉘 것이 되겠느냐 하셨으니

- 어리석은 자는 자기만을 위하여 세상에 제물을 쌓는 사람입니다

하나님께서 직접 어리석은 사람이라고 한 또 한 종류의 사람이 있습니다. 예수님의 이 비유에 나온 사람은 큰 농장을 가지고 있으며, 큰 풍년을 맞아 곡식을 다 쌓아둘 창고가 모자라서 걱정을 하며, "내가 곡식을 쌓아 둘 곳이 없으니 어찌할꼬" 라고 했습니다.
또 그는, 생각하기를, "내가 이렇게 하리라 내 곳간을 헐고 더 크게 짓고 내 모든 곡식과 물건을 거기 쌓아두리라."고 했습니다. 그는 쌓아 둘 곳이 없을 정도로 많은 곡식을 얻었지만 고아나 과부나 굶주리고 헐벗은 사람들은 조금도 생각지 않는 이기주의자였습니다. 자기만 잘 먹고, 잘 입고, 쾌락을 누리가 위하여 세상에만 재물을 쌓는 어리석은 사람이었습니다.

더욱 어리석은 것은 '또 내가 내 영혼에게 이르되 영혼아 여러 해 쓸 물건이 많이 쌓아 두었으니 평안히 쉬고 먹고 마시고 즐거워하라'고 말한 것에서 알 수 있듯이 그가 세상의 곡식을 가지고 영혼까지 살리고 만족시킬 줄 알았다는 사실입니다.
얼마나 어리석습니까? 하나님의 형상대로 지음 받은 우리의 영혼은 세상의 재물이나 음식으로 만족시킬 수가 없습니다. 우리의 죄를 대속하신 생명의 주, 예수님을 믿고 영접하기 전에는 참 만족이란 없는 것이며 영생할 길이 없습니다.

어디 그 뿐입니까? 그는 세상에 재물을 많이 쌓아두면 영원히 제 것이 되는 줄로 크게 착각을 했습니다. 그날 밤, 하나님은 그의 재물을 거두어 가신 것이 아니라, 그의 생명을 거두어 가셨습니다. 그러면서 하나님은 말씀하시기를, "어리석은 자여, 오늘밤 네 영혼을 도로 찾으리니 그러면 네 예비한 것이 뉘 것이 되겠느냐?"고 했습니다.

그리고 이어서, "자기를 위하여 재물을 쌓아두고 하나님께 대하여 부요치 못한 자가 이와 같으니라."고 말씀하셨습니다. 결국 세상 재물만 믿고 자기만 위하여 세상에 재물을 쌓는 사람을 하나님은 또 어리석은 폼페이에 가보면, 화산이 폭발할 때 묻혀 죽은 사람 가운데, 보물을 움켜 안은 채 잿더미에 묻혀 죽은 여자의 모습이 있습니다. 화산이 폭발하자 이 여자는 보물을 먼저 끌어안고 죽었습니다. 실로 어리석은 사람입니다.

영원한 집은 마련하지 못하고 세상에만 재물을 쌓고 지상의 집만 화려하게 짓는 사람들은 참으로 어리석은 사람입니다. 그들은 황금열쇠를 가지고도 천국문은 열지 못한다는 사실을 모릅니다.
세 사람이 길을 가다가 큰 돈 뭉치를 발견하여 조용한 곳에 가서 나누어 가졌습니다. 그리고 난 후에 한 사람은 점심거리를 사러 시내에 들어갔습니다. 음식을 사면서 생각하기를, "저 두 사람만 없으면 그 많은 돈을 내가 몽땅 차지할 텐데…"라고 하고는 음식에 독약을 넣어가지고 왔습니다.

그런데 남아 있던 두 사람은 점심을 사러간 그 사람의 돈을 빼앗아 나누어 가지자고 의논하고 그가 도착하자마자 칼로 찔러 죽여 매장하고 그가 사온 점심을 먹고 그 두 사람도 다 죽었습니다. 탐심이 이 세 사람을 다 죽게 했습니다.
본문인 눅 12:15에 보면, **"삼가 모든 탐심을 물리치라. 사람의 생명이 그 소유의 넉넉한데 있지 아니하니라."**고 예수님께서 말씀하셨습니다. 그럼에도 불구하고 자기만 위하여 이 땅에 재물을 쌓기에 급급한 자들은 결국 영원한 생명에서 멀어지고 끝내 썩어질 재물과 함께 멸망하고 마는 어리석은 자가 되고 맙니다.

부르짖는 기도

눅 18:7,
하물며 하나님께서 그 밤낮 부르짖는 택하신 자들의 원한을 풀어 주지 아니하시겠느냐 저희에게 오래 참으시겠느냐

- 하나님은 우리의 형편, 처지, 상황, 체질을 아십니다.

왜 부르짖는가?
사모하라는 것이요, 침노하라는 것이요, 간절하라는 것이요,
구하고. 찾고. 두드리라.
애쓰고. 힘쓰고. 더욱 간절히 기도할 때 응답받습니다.
작은 새보다도 못한 인간들이요
처마 밑에 제비새끼들이 어미에게
먹이를 구하는 모습을 보고 깨달아야 합니다.

어미가 주는 막이를 먹으려면, 자기의 머리보다 더욱 크게 입을 벌리는 새끼가 먹이를 먹습니다. 부르짖음에 대한 좋은 묘사가 됩니다.
신구약 성경에는 '부르짖는' 단어가 300회 이상 나옵니다.

부르짖는 기도는 부단히 훈련을 통해 이루어집니다.

렘 29:12/"너희가 내게 부르짖으며 내게 와서 기도하면 내가 너희들의 기도를 들을 것이요."

이스라엘 백성들이 애굽에서 부르짖을 때 구원자 모세를 보내시고 구원하셨고. 홍해와 요단강이 육지로 변하고, 반석에서 물이 나며, 여리고성도 무너지는 경험을 한 것은 바로 기도의 능력이었습니다.

살아 계셔서 역사하시는 하나님은 지금도 우리의 기도를 들으시고 응답하십니다. 응답과 변화의 역사는 지금도 일어나고 있습니다. 문제는 믿음입니다. 우리 앞에 홍해와 요단강과 여리고성이 가로막고, 온갖 환난과 고통이 가로 막는다 할지라도 믿음으로 기도하면 응답과 변화의 역사를 경험하게 될 것입니다.

삼각산기도원, 도봉산기도원, 수락산기도원, 반석기도원, 한얼산기도원, 오산리기도원, 70년대에는 기도원시대였는데, 나는(필자) 학생시절에, 밤 9시부터 새벽 4시까지 밤을 새워 부르짖는 기도를 통해 그 영성으로 오늘의 제가 '기도목회'를 승리하는 원동력이 된 것으로 확신합니다.
오늘, 이 하루에도 부르짖는 기도 매일 새벽 1시간씩 믿음으로 기도하여 응답과 변화의 역사를 경험하시는 복된 날 되시기를 기도하며 축복합니다.

욘 2:2/"내가 스올의 뱃속에서 부르짖었더니 주께서 내 음성을 들으셨나이다."

하나님은 요나에게 니느웨에 가서 회개의 메시지를 전하라고 하셨습니다. 그러나 요나는 하나님 뜻을 알지 못해서 불순종했습니다. 그들은 이방인이고 기회만 있으면 이스라엘 나라를 침략하여 괴롭히는데, 말씀을 전하여 그들을 구원하랴, 하였습니다.

그래서 요나는 니느웨가 아닌 다시스로 가는 배를 탔습니다. 하지만 하나님은 풍랑으로 요나를 가로막아 못 가게 하셨고 물고기 뱃속에 가두어 회개하도록 하셨습니다.

요나는 우리의 모델입니다. 우리는 하나님 말씀대로 산다고 입으로는 주여주여 하면서도 불순종 할 때가 얼마나 많습니까?

이제는 회개하고 말씀대로 순종하여 살기로 결단해야 합니다.

오늘도 회개하고 하나님 말씀대로 순종하며 주신 사명을 잘 감당하시는 복된 날 되시기를 기도하며 축복합니다.

사망의 냄새, 생명의 냄새

요 11:39,
예수께서 가라사대 돌을 옮겨 놓으라 하시니 그 죽은 자의 누이 마르다가 가로되 주여 죽은 지가 나흘이 되었으매 벌써 냄새가 나나이다.

요 12:3,
마리아는 지극히 비싼 향유 곧 순전한 나드 한 근을 가져다가 예수의 발에 붓고 자기 머리털로 그의 발을 씻으니 향유 냄새가 집에 가득하더라.

- 예수님을 닮아가는 목표를 가져야 합니다.

탈무드에,따르면, "향을 싼 종이는 향내가 나고 생선을 싼 종이는 생선 냄새가 난다"는 말이 있습니다. 이처럼 누구와 함께 하느냐, 누구를 품고 있느냐에 따라서 그 사람의 향기가 결정됩니다.

'그리스도인'은 예수 그리스도를 나의 주, 나의 하나님으로 영접한 사람을 가리킵니다. 그가 예수 생명을 가진 예수의 사람이 되었다는 뜻입니다. 그리고 예수님의 말씀을 따라 예수님을 닮아가는 목표를 가진 사람을 말합니다.

고후 2:14/"항상 우리를 그리스도 안에서 이기게 하시고 우리로 말미암아 각처에서 그리스도를 아는 냄새를 나타내시는 하나님께 감사하노라."

그리스도 안에 있으면 자연스럽게 예수 향기가 나도록 되어 있습니다. 그런데, 사람이 예수님을 품고 있으면서 그에게서 예수 향기가 나지 않는다면 상당히 문제가 있습니다. 성도에게는 예수 냄새, 성령의 냄새가 나야 합니다. 누가 봐도 이 사람은 예수 믿는 사람이고, "예수쟁이가 틀림없어." 이런 소리를 듣는 사람이 예수 냄새가 나는 사람입니다.

고후 2:15/"우리는 구원 얻는 자들에게나 망하는 자들에게나 하나님 앞에서 그리스도의 향기니"

성도에게 나는 향기는 잠깐 나다가 사라지는 것이 아니라, 영원한 생명과 기쁨의 향기인 그리스도의 향기가 항상 나야 합니다. 예수님을 마음에 품고, 만나는 사람에게 예수 향기를 날리며 예수를 전하는 증인의 삶, 전도자의 삶을 살아가고자 기도합시다.

고후 2:16/"이 사람에게는 사망으로 좇아 사망에 이르는 냄새요 저 사람에게는 생명으로 좇아 생명에 이르는 냄새라 누가 이것을 감당하리요."

성도는 5대 제사 중 2번째 제사 소제를 통하여하나님의 기쁨의 제사가 되어야 합니다.

"그 소제물 중에서 기념할 것을 취하여 단 위에 불사를지니 이는 화제라 여호와께 향기로운 냄새니라."(레 2:9)

“항상 우리를 그리스도 안에서 이기게 하시고 우리로 말미암아 각처에서 그리스도를 아는 냄새를 나타내시는 하나님께 감사하노라 우리는 구원받는 자들에게나 망하는 자들에게나 하나님 앞에서 그리스도의 향기니라.”(고후 2:14-15)

거룩함으로 충만한 하루,

믿음으로 충만한 하루,

성령의 능력으로 충만한 하루되기를 소원합니다.

영생을 받으라

요 17:3,
영생은 곧 유일하신 참 하나님과 그가 보내신 자 예수 그리스도를 아는 것이니이다.

- 예수 그리스도와 온전히 동행하는 인생이 되어야 합니다.

신앙생활은 무엇을 말합니까? 예수님과 동행하는 생활입니다. 동행하는 것은 삶을 함께 합니다. 삶을 함께 하면 서로를 가장 잘 아는 관계가 될 것입니다. 신앙생활을 하면서도 예수님을 잘 알지 못하고 있다면 오늘 새로운 맘으로 예수님을 알 수 있는 날이 되기를 바랍니다.

예수님을 바로 알고 온전히 만나는 것은 성경 말씀을 통해서 가능합니다. 그러나 성경을 지식적으로 아는 것 자체가 주님을 만난 것이 아닙니다. 원래 안다는 말은 히브리어 'Yada(야다)'라는 말로 남자가 여자를 안다(동침한다)는 말에 사용된 것입니다.(요 17:3, 마 1:25)
이것은 경험적이고, 인격적인 결합을 말하고 있습니다.

그러므로 이런 앎을 배제한 지식적인 성경 이해는 자기 자신의 자의식(自意識)만을 높여 줍니다. 자아를 강화시키는 결과가 되지요. 그래서 다른 사람을 정죄하는 경우가 많습니다. 다른 사람을 손가락질하면서 "저 세리와 같지 않음을" 감사한 바리새인(눅18:11)을 닮아갑니다. 성경을 이렇게 아는 것은 영성을 해치고 인간성만을 발달시킵니다. 그것은 교회를 부흥시키는데 장애를 가져오고, 또한 사람에게 감동을 주지 못하고 적을 만들어 내습니다.

베드로가 갈릴리 바다에서 예수님을 만났을 때, 이렇게 고백을 하였습니다.
"주여 나를 떠나소서. 나는 죄인이로소이다."(눅 5:8)

사울이 다메섹에서 주님을 만난 후 그는 죽을 때까지 죄인중의 괴수라고 고백하는 사람으로 인생을 살게 됩니다.(딤전 1:15)
주님을 만나면 이렇게 자신을 직시(直視)하는 눈을 뜹니다.
그러나 주님을 인격적으로 만나는 체험을 갖지 않은 지성주의자들의 탄식은 무엇이겠습니까?
'나를 알아주는 사람이 없나이다. 나의 옳음을, 나의 진리를, 나의 능력을 말입니다.'

그렇습니다. 사울과 베드로와 같은 진솔한 고백을 통하여, 영, 혼, 육이 주님을 인격적으로 만나길 소망합니다. 그리고 더욱더 진솔하게 주님을 잘 알므로 우리 모두 영생의 은총 안에서 더욱 모든 범사가 형통하기를 예수님의 이름으로 축원합니다.

요 5:39-40/"너희가 성경에서 영생을 얻는 줄 생각하고 성경을 상고하거니와 이 성경이 곧 내게 대하여 증거 하는 것이로다 그러나 너희가 영생을 얻기 위하여 내게 오기를 원하지 아니하는 도다."

성령이 충만하여

행 4:31,
빌기를 다하매 모인 곳이 진동하더니 무리가 다 성령이 충만하여 담대히 하나님의 말씀을 전하니라.

요 3:5-6,
5, 예수께서 대답하시되 진실로진실로 네게 이르노니 사람이 물과 성령으로 나지 아니하면 하나님 나라에 들어갈 수 없느니라
6, 육으로 난 것은 육이요 성령으로 난 것은 영이니

- 천국에 가려면 오직 성령으로 거듭나야 합니다.

사람이 아무리 지식으로 포장하고. 명예와 권력을 가지고 있어도, 인격이 세련되고 선한 일을 많이 하여도 종교적으로 경건하여도 구원받는 것은 천국에 가는 것은 불가능합니다. 오직 성령으로 거듭나야 합니다.

세례 요한은 모태에서부터 성령 충만함을 입었지만 "예수님의 보혈의 혜택을 전혀 받지 못하고" 짐승과 비둘기의 피로 탕감을 받았습니다.

보혜사의 거룩한 성령이 내주하는 축복을 누리지 못하여 옥에 있을 때, 그의 믿음이 흔들리고 그 제자들을 예수님에게 보내어 당신이 참으로 그리스도입니까, 아니면 우리가 다른 이를 기다려야 합니까, 라는 의문이 생겼습니다.

마 11:3-4, 6, / "예수께 여짜오되 오실 그이가 당신이오니이까 우리가 다른 이를 기다리오리이까 예수께서 대답하여 가라사대 너희가 가서 듣고 보는 것을 요한에게 고하되"

"누구든지 나를 인하여 실족하지 아니하는 자는 복이 있도다. 하시니라."

12명의 제자들도 오순절 성령의 충만함이 아니고서는 주님의 제자의 삶, 복음의 삶을 살수가 없었습니다.

행 6:8, 10, 15 /
"스데반이 은혜와 권능이 충만하여 큰 기사와 표적을 민간에 행하니"

"스데반이 지혜와 성령으로 말함을 저희가 능히 당치 못하여"

"공회 중에 앉은 사람들이 다 스데반을 주목하여 보니 그 얼굴이 천사의 얼굴과 같더라"

성령님의 충만함을 '입는' 것과 성령님의 충만한 '내주'에는 어마어마한 차이가 있습니다. 내 안에 천국이 이루어진 사람은 "여인이 낳은 자 중에 제일 큰 자 세례 요한보다 더 큰 자라"고 주님께서 말씀을 하셨습니다.

마 11:11/"내가 진실로 너희에게 말하노니 여자가 낳은 자 중에 세례요한보다 큰 이가 일어남이 없도다 그러나 천국에서는 극히 작은 자라도 저보다 크니라."

거듭난 우리의 몸값은 30조보다 더 더욱 큰 가치가 있는 줄로 깨닫습니다. 예수님의 피의 공로, 보혜사 성령의 능력, 천국의 상속의 축복은 이 세상 그 무엇과도 비교 할 수 없는 큰 은혜요, 큰 비밀이며, 보화입니다. 이 은총을 어떤 값으로 매기겠습니까?

"성령이 어떤 사람의 영혼에 부어지면 성령은 그 사람의 외양도 완전히 정숙하게 합니다. 이 일이 일어나지 않는다면 그것은 거짓일 뿐입니다." 오늘날, 성자라고 하는 사람들이 적지 않은데 그들의 태도도 이 말로써 측량할 수 있습니다.

바울은 갈라디아 교회에 편지를 보내면서 성령의 9가지 열매를 가르쳤습니다. 성령을 받아 거듭난 사람은 "사랑과 희락과 화평과 오래 참음과 자비와 양선과 충성과 온유와 절제의" 열매를 맺게 됩니다. 이 열매들은 자기 자신의 힘으로 맺는 것이 아니라 그 사람 속에 내주하시는 성령님의 역사로 맺어지는 열매들입니다.

성도가 성령의 열매들을 맺으려면 날마다 매순간마다 세상적인 탐심과 혈기가 죽어야 합니다. 이런 열매는 세상적인 자아가 살아있을 때는 절대로 불가능합니다. 이것은 세상적인 자아가 죽고 성령 충만함을 받을 때 맺습니다.

내가 예수 그리스도와 함께 십자가에 못 박혔음으로 내가 산 것이 아니요, 오직 예수 그리스도께서 내 안에 사십니다. 성령의 충만을 받는 일은 신앙생활을 하는데 있어서 가장 근본적이며 중요한 것입니다. 믿음과 은혜의 성장은 성령으로 인해서만 이루어지기 때문입니다.

성령을 충만하게 받지 못하면 우리는 불가불 하나님께 욕을 돌리고 교회에서는 무익한 존재가 될 수밖에 없게 됩니다.
오스틴 오말리는 "반쯤 익은 설교는 영적인 소화불량을 일으킨다."고 말했습니다. '반쯤 익은 설교'란 성령이 충만하지 못한 상태의 설교를 뜻합니다. 사람들이 흔히 성령을 받기 위하여 기도하는데 그런 사람 중에는 순전히 이기적인 목적으로 기도하는 경우가 많습니다.

사람의 뜻과는 상관없이 성령은 하나님께서 일방적으로 부어주십니다. 오순절의 성도들이 빌기를 다하매 모인 곳이 진동하더니 무리가 다 성령이 충만하여 담대히 하나님의 말씀을 전하는 역사가 일어나 변화가 일어나고 풍성한 열매를 거두었습니다.

우리들도 온 정성을 기울여 전심으로 기도해야 합니다. 우리나라 한국의 모든 교회와 그대가 섬기는 교회와 가정마다 더욱더 이와 같은 성령 충만함의 불의 역사가 날마다 풍성하게 일어나길 예수님의 이름으로 축복합니다.

주 예수를 믿으라

행 16:31
가로되 주 예수를 믿으라. 그리하면 너와 네 집이 구원을 얻으리라 하고.

- 인생에게 일어나는 문제의 해답은 오직 하나님께만 있습니다.

인간의 참 행복은 하나님과 함께 하는 것이요, 참 불행은 하나님을 잃어버린 것이며, 인간의 참 해답은, 오직 하나님께만 있습니다. 따라서 하나님을 만날 때, 인생의 근본 문제가 해결됩니다.

행 4:12/"다른 이로서는 구원을 얻을 수 없나니 천하 인간에 구원을 얻을만한 다른 이름을 우리에게 주신 일이 없음이니라 하였더라."

인간 스스로 하나님을 만날 수 없고 죄와 저주, 죽음과 비참한 지옥, 멸망의 운명을 절대 피할 수도 없고 벗어 날 수도 없습니다.
인간의 가장 비참한 삶은 의식주로 인해 고통 하는 삶이 아니라, 생명 자체이신 하나님의 은혜가 끊어진 삶입니다. 성경은 이를 '허물과 죄로 죽었다.'고 말씀하고 있습니다.

엡 2:1-3, / "너희의 허물과 죄로 죽었던 너희를 살리셨도다 그 때에 너희가 그 가운데서 행하여 이 세상 풍속을 좇고 공중의 권세 잡은 자를 따랐으니 곧 지금 불순종의 아들들 가운데서 역사하는 영이라 전에는 우리도 다 그 가운데서 우리 육체의 욕심을 따라 지내며 육체와 마음의 원하는 것을 하여 다른 이들과 같이 본질상 진노의 자녀이었더니"

하나님을 떠난 인간, 하나님에게서 쫓겨난 인간은 죄와 저주에 빠져 사탄과 세상, 돈, 쾌락의 노예로 살며 우상을 섬길 수밖에 없습니다. 그 결과가 어떻게 되어졌습니까? 이 땅에서 정신 문제, 육신의 문제로 고통 속에 살다가 죽음 이후 지옥에서 영원히 고통받게 되며, 자녀손 후대에게 저주와 재앙의 유산을 남기게 되었습니다.

이 세상의 어떤 종교와 철학도, 인간의 선행이나 노력도 인간의 근본 문제를 해결할 수 없습니다. 오직 인간을 창조하신 절대자 하나님만이 내 인생의 근본 문제를 해결하실 수 있습니다.

하나님이 인류에게 주신 유일한 해답이신 예수,
나의 죄를 위해 죽으시고 부활하사 지금 성령으로 역사하시는 주 예수 그리스도를 나의 주, 나의 하나님으로 영접하십시오.
'예수 그리스도', 그 이름이 그대의 인생과 운명이 바뀔 것입니다. 그리고 그대로 인해 가정과 가문의 저주가 끝나고 놀라운 축복의 새 역사가 시작될 것입니다.

사형 당할 자

롬 1:32,
저희가 이 같은 일을 행하는 자는 사형에 해당하다고 하나님의 정하심을 알고도 자기들만 행할 뿐 아니라 또한 그 일을 행하는 자를 옳다 하느니라.

- 신앙심까지 육체의 욕심을 채우는데 악용하려는 파렴치한 타락한 마음, 이 마음은 우상숭배의 마음입니다.

인간은 욕심, 탐심, 탐욕, 패망으로 가는 온갖 거짓말을 동원하여 하나님을 저버리고 혹은 하나님을 이용해서라도 그 탐심을 채우려하고 있습니다. 예수님은 이처럼 어리석은 자들에게 지적하셨습니다.

눅 12:20/"어리석은 자여 오늘밤 네 영혼을 도로 찾으리니 그러면 네 예비한 것이 뉘 것이 되겠느냐."

결국, 이러한 인생의 종말은 창 6:3의 말씀대로 하나님의 영을 떠난 육체주의일 뿐입니다. 믿는다 하면서도 실상은 하나님이 계시지 않는 온전히 감각적. 물질적. 동물적 인간으로 전락해 버린 것입니다

하나님은 알지만 감사가 없습니다.(롬 1:21)

하나님은 알지만 허망한 생각과 부끄러운 일들뿐입니다.(롬 1:21)

하나님은 알지만 지혜가 없고 미련한 마음뿐입니다.(롬 1:22)

하나님은 알지만 그 영광을 우상으로 바꾸는 자입니다.(롬 1:23)

하나님은 알지만 진실을 거짓으로 바꾸어버리는 자입니다.(롬 1:25)

하나님은 알지만 더러운 정욕과 음란한 생각뿐이요.(롬 1:26~27)

하나님은 알지만 마음속에 하나님을 두기를 싫어합니다.(롬 1:28)

하나님은 알지만 악한 일만 도모하며 배은망덕합니다.(롬 1:29~31)

이렇게 행하면 사형 선고를 받을 줄 알면서도 부끄러운 줄 모르고 계속하고 다른 사람들까지도 그렇게 하도록 유도합니다.(롬 1:32)

이렇게 불신자보다 가증하고. 경건치 않고 불의한 모습으로 사는 자들에게 하늘로부터 하나님의 진노가 내려 그들을 치시었다고 말씀하십니다.(롬 1:18)

인간이 아무리 많은 것을 소유했을지라도 전능하신 하나님이 아담의 코에 불어넣으신 생기를 거두어 가시면 인간은 산소호흡기에 의지하고 헐떡거리다가 끝내는 사망에 이르게 됩니다.(창2:7. 욥33:4)

하나님과의 관계보다 인간관계를 우선하고 세속주의에 젖은 탐욕의 존재로 살아가게 됩니다. 그들은 하나님을 아주 모르는 이들이 아니었음에도 불구하고 후에는 아예 신앙을 버리고 가증한 우상을 섬기는 비극적인 모습으로 전락하고 맙니다.(수 24:2.15)

참 그리스도인은 탐심과 우상숭배를 버리고 세상과 혼합되어 변질된 육체주의 신앙을 과감히 벗어버리고, 하나님의 뜻을 위해 전심전력으로 믿음의 경주를 하면서 살아가야 합니다.

혼합물, 이것은 포도원에 두 종자를 뿌리는 행위입니다.(신 22:9)

이것은 소와 나귀를 겨리 하여 밭을 가는 행위입니다.(신 22:10)

이것은 양털과 베실로 섞어 짜는 행위입니다.(신 22:11)

이것은 믿는 자와 불신자 그리스도와 벨리알과 하나님의 성전과 우상이 일치하려는 가증한 행위입니다.(고후 6:14~16)

거룩함의 이루게 하소서.

성결함에 이루게 하소서.

신실함에 이루게 하소서.

온전함에 이루게 하소서.

성령의 도움을 구하라

롬 8:26,
이와 같이 성령도 우리의 연약함을 도우시나니 우리는 마땅히 기도할 바를 알지 못하나 오직 성령이 말할 수 없는 탄식으로 우리를 위하여 친히 간구하시느니라.

- 자신의 헛된 교만과 욕망을 버릴 수 있는 길이 무엇입니까?

지혜가 부족한자 지혜의 영이신 성령의 도움을 청해야 합니다.

엡 1:17/ "우리 주 예수 그리스도의 하나님, 영광의 아버지께서 지혜와 계시의 정신을 너희에게 주사 하나님을 알게 하시고"

- 사랑의 하나님 아버지, 헛된 세상의 기쁨을 찾아 헤매고 사람의 인정을 받으려고 허비한 날들을 회개합니다. 계속된 회개가 죄를 이긴다는 말씀처럼 천 번을 넘어져도 일으키시는 주님 앞에 자복하며 기도하게 하옵소서. 세상이 줄 수 없는 기쁨이 주님의 임재 안에 있사오니 주님을 향해 달려가게 하옵소서.

성령으로 기도하라.

성령으로 기뻐하라.

성령으로 충만하라.

성령으로 무장하라.

성령의 다스림을 받으라.

예수님 이름으로 기도하옵나이다. 아멘.

우리의 헛된 교만과 욕망을 버릴 수 있는 길이 무엇입니까? 내가 나를 바꾸는 것이 아니라 예수 그리스도의 영, 성령님만이 우리를 새사람으로 바꾸실 수 있으십니다. 간절히 주님께 부르짖어 기도할 때 자비로우신 하나님께서 우리를 고치시고 회복시킬 것을 확신하며, 낙심하지 않고, 실천하는, 승리하는 종이 되시기를 바랍니다. 샬롬!

행 7:55-56/"스데반이 성령 충만하여 하늘을 우러러 주목하여 하나님의 영광과 및 예수께서 하나님 우편에 서신 것을 보고, 말하되 보라 하늘이 열리고 인자가 하나님 우편에 서신 것을 보노라."

스데반이 순교 당할 때 하늘 문이 열린 것처럼, 우리도 성령 충만하여 소망 가운데 하늘을 우러러 볼 때 하늘 문이 열리고 하나님 보좌와 우편에 앉아 계신 예수님을 바라보아야 합니다.

어떤 역경과 고난이 닥쳐온다 할지라도 스데반에 비하면 우리가 겪는 고난은 아무것도 아닐 것입니다. 그러므로 어떠한 상황 가운데서도 예수님을 바라보며 날마다 믿음으로 승리하는 삶을 살아야 합니다. 오늘도 어떠한 상황과 여건 가운데서도 성령으로 충만하여 예수님만 바라보며 승리하는 삶을 살아가시는 복된 날 되시기를 기도하며 축복합니다.

피할 길을 주시는 하나님

고전 10:13,
사람이 감당할 시험 밖에는 너희에게 당한 것이 없나니 오직 하나님은 미쁘사 너희가 감당치 못할 시험 당함을 허락지 아니하시고 시험 당할 즈음에 또한 피할 길을 내사 너희로 능히 감당하게 하시느니라.

- 이 세상에 사는 사람, 시험을 당하지 않은 사람은 아무도 없습니다.

하나님은 자기 백성을 사랑하시기에 자녀들에게 감당할 시험을 주시고 시험이 어려워 감당치 못할 때에는 피할 길을 열어주신 사랑의 하나님이시라. 시험에서 승리한 자에게 생명의 면류관을 주신 참 좋으신 우리 하나님.

약 1:12/"시험을 참는 자는 복이 있도다 이것에 옳다 인정하심을 받은 후에 하나님께서 자기를 사랑하는 자들에게 약속하신 생명의 면류관을 얻을 것임이라."

"시험 받는 자들을 능히 도우시는 주, 자기가 시험을 받아 고난을 당하셨은즉 시험 받는 자들을 능히 도우시느니라."(히 2:18)

우리와 같이 시험을 받으신 주,

"우리에게 있는 대제사장은 우리 연약함을 체휼하지 아니하는 자가 아니요 모든 일에 우리와 한 결 같이 시험을 받은 자로되 죄는 없으시니라 그러므로 우리가 긍휼하심을 받고 때를 따라 돕는 은혜를 얻기 위하여 은혜의 보좌 앞에 담대히 나아갈 것이니라."(히 4:15-16)

십자가의 시험에서 기도로 승리하신 부활의 주,

"그가 육체에 계실 때에, 자기를 죽음에서 능히 구원하실 이에게 심한 통곡과 눈물로 간구와 소원을 올렸고 그의 경외하심을 인하여 들으심을 얻었느니라."(히 5:7)

우리를 온전하게 하시고, 모든 것에서 부족함이 없게 하시는 시험,

"내 형제들아 너희가 여러 가지 시험을 만나거든 온전히 기쁘게 여기라, 이는 너희 믿음의 시련이 인내를 만들어 내는 줄 너희가 앎이니라. 인내를 온전히 이루라 이는 너희로 온전하고 구비하여 조금도 부족함이 없게 하려 함이라."(약 1:2-4)

하나님을 사랑하는 자, 하나님의 뜻대로 부르심을 입은 자에게 모든 일을 합력하여 선을 이루신 하나님,

"우리가 알거니와 하나님을 사랑하는 자 곧 그의 뜻대로 부르심을 입은 자들에게는 모든 것이 합력하여 선을 이루느니라."(롬 8:28)

사랑하는 자여! 시험에 들지 않도록 항상 깨어 기도하라.
오직 믿음으로 순종하라.
여호와 이레의 하나님, 모든 것을 예비하신 하나님,
여호와 산에서 준비하시리라.

시험에서 승리한 아브라함의 복을 받으세요. 하늘의 신령한 복, 땅에서 기름진 복, 후대가 하늘의 별 같이 땅의 모래 같이 많은 민족을 이루리라.

회개에 합당한 기도를 통해 영혼과 몸과 삶이 온전히 회복의 은총을 입을지라. 지금의 모든 시험을 온전히 주께 맡기고 감사함으로 기도하라.

시 50:15/"환난 날에 나를 부르라 내가 너를 건지리니 네가 나를 영화롭게 하리로다."

시험을 통과한 욥은 갑절의 축복을 받았습니다.
나를 단련하신 후에는 내가 순금 같이 되리라.

"내가 가는 길을 그가 아시나니 그가 나를 단련하신 후에는 내가 순금 같이 되어 나오리라."(욥 23:10)
"그러나 끝까지 견디는 자는 구원을 얻으리라."(마 24:13)
(예수 보배로운 피 모든 것을 이기니)

자신을 확증하라

고후 13:5,
너희는 믿음 안에 있는가 너희 자신을 시험하고 너희 자신을 확증하라 그리스도께서 너희 안에 계신 줄 알지 못하느냐

- 시험은 지금, 내가 믿음 안에 사는지를 검증해 줍니다.

누구나 인생에서 시험이 없기를 바라지만 시험은 진짜의 믿음을 보이는 방편이 됩니다.

약 1:2/"내 형제들아 너희가 여러 가지 시험을 만나거든 온전히 기쁘게 여기라."

그러기에 시험은 삶의 큰 의미로, 무시해서도 두려워할 것도 아닙니다. 내 인생에서 통과해야 할 과정입니다
그러므로 시험을 기쁘게 여기라 이는 너희로 온전하고 구비하여 조금도 부족함이 없게 하려 함이라.

- 주님 시험을 감당할 능력을 주십시오.

넘어지지 않게 하소서
시험이 찾아올 때 먼저 엎드리게 하시고,
다윗처럼, 요셉처럼, 요나처럼 진실과 지혜로 돌파하게 하소서 내안에 예수가 더욱 확증되게 하소서. 아멘.

약 1:12-14,/ "시험을 참는 자는 복이 있도다. 이것에 옳다 인정하심을 받은 후에 주께서 자기를 사랑하는 자들에게 약속하신 생명의 면류관을 얻을 것임이니라 사람이 시험을 받을 때에 내가 하나님께 시험을 받는다 하지 말지니 하나님은 악에게 시험을 받지도 아니하시고 친히 아무도 시험하지 아니하시느니라 오직 각 사람이 시험을 받는 것은 자기 욕심에 끌려 미혹됨이니"

너 시험을 당해 실망치 말고,
- 모든 시험을 이기신 예수 그리스도를 믿음으로 말미암아 살리라.
주님이 나의 길을 아십니다.
- 그가 나를 단련하신 후에는 내가 정금 같이 나오리라.
요나가 풍랑을 만나고 큰 물고기 뱃속에 있었던 것같이 지금 나의 형편이 캄캄함이 물고기 뱃속에 같이 어두움이 몰려와서 나를 힘들게 할 때가 회개의 기회를 주시는 것이요.
나를 돌아보고 주님께로 돌아가는 시간을 만드시는 과정을 통해서 승리자의 삶을 살아가는 온전한 믿음 주님을 기쁘시게 하는 믿음의 용사가 됩시다.

주님이 부활하셔서 제자들이 있는 다락방에 오셨을 때 도마는 없었습니다. 그 후에 도마에게 주님이 부활하셔서 이곳에 오셨다고 하자, 도마는 "내가 그 손의 못 자국을 보며 내 손가락을 그 못 자국에 넣으며 내 손을 그 옆구리에 넣어 보지 않고는 믿지 아니하겠노라" 했습니다. 도마가 있을 때, 다시 주님이 오셔서 "도마에게 네 손가락을 이리 내밀어 내 손을 보고 네 손을 내밀어 내 옆구리에 넣어 보라 그리하여 믿음 없는 자가 되지 말고 믿는 자가 되라"고 책망하셨습니다. 도마는 주님의 부활을 믿지 못하다가 책망을 받았습니다.

확실한 믿음,
확고한 믿음,
조금도 의심 없는 반석이신 그리스도 안에서 그리스도에게 붙어있는 믿음으로. 믿지 못해 책망 받는 어리석은 자가 되지 말고, 주님을 온전히 믿음으로 시험을 이기고, 마음속에 주님이 더욱 확증되는 복된 하루 보내시기를 기도합니다.

함께 하는 복

갈 3:9,
그러므로 믿음으로 말미암은 자는 믿음이 있는 아브라함과 함께 복을 받느니라.

- 아브라함이 보이고 그의 길이 보이면 우리의 믿음의 길도 보이게 됩니다.

신앙인이라면 아브라함을 모르는 사람이 없을 것입니다. 아브라함은 아담 이후 20대에 등장하는 인물입니다. 그는 믿음의 조상이요 3대종교의 조상입니다. 유대교의 조상, 이슬람의 조상, 기독교의 조상
구약의 인물 가운데 가장 긴 이야기로 갈대와 우로에서. 부르심을 받고 하란에서 두 번 부름 받아, 믿음으로 약속을 받아 가나안까지의 여정과 그의 내용이 드라마 같이 전해지고 있습니다.

아브라함이 보이고, 그의 길이 보이면, 우리의 믿음의 길도 보이게 됩니다. 아브라함은 우리의 믿음의 약도입니다.
아브라함은 절대순종 독자를 바치는 데까지 죽어도 사는 부활의 신앙

을 통해 하나님께 인정받아 마침내 큰 복을 받은 사람입니다
바울은 아브라함에 대하여 말했습니다.

갈 3:14/"이는 그리스도 예수 안에서 아브라함의 복이 이방인에게 미치게 하고 또 우리로 하여금 믿음으로 말미암아 성령의 약속을 받게 하려 함이니라."

성경 속에서 아브라함과 함께 복을 받는다고 고백을 합니다.

아브라함을 많이 아는 사람은 사도 바울뿐입니다. 베드로, 야고보, 요한보다 사도 바울은 아브라함에 대하여 그의 서신 내용 중심에 약40 외번이나 이야기를 해냈습니다.

아브라함은 우리의 믿음의 조상입니다.
아브라함은 우리의 축복의 조상입니다
아브라함은 산 자와 죽은 자의 조상입니다.

거지 나사로가 아브라함의 품에 안겼습니다. 음부에서 부르짖는 부자가,

눅 16:24/"불러 가로되 아버지 아브라함이여 나를 긍휼히 여기사 나사로를 보내어 그 손가락 끝에 물을 찍어 내 혀를 서늘하게 하소서 내가 이 불꽃 가운데서 고민하나이다."

아브라함은 10대 조상인 노아와 동시대를 살면서 노아의 신앙을 전수받았습니다.

아브라함은 그 일생을 통해 분리의 역사를 살았습니다.

고향과 친척을 떠나 데라와 분리

이스마엘과 분리

롯과 분리

최후에는 이삭과 분리하여 복을 받았습니다.

창 22:12/"사자가 가라사대 그 아이에게 네 손을 대지 말라 아무 일도 그에게 하지 말라 네가 네 아들 네 독자라도 내게 아끼지 아니하였으니 내가 이제야 네가 하나님을 경외하는 줄을 아노라."

신약성경의 시작이 마태복음입니다.

마 1:1/"아브라함과 다윗의 자손 예수그리스도의 세계라."

우리가 아브라함의 같은 믿음으로 예수 그리스도의 세계의 신령한 나라의 백성이 되었습니다.

창 26:12/"이삭이 그 땅에서 농사하여 그 해에 백배나 얻었고 여호와께서 복을 주시므로.

신 1:11/"너희 열조의 하나님 여호와께서 너희를 현재보다 천배나 많게 하시며 너희에게 허락하신 것과 같이 너희에게 복 주시기를 원하노라."

예수 그리스도의 세계는 백 배, 천 배의 축복을 기대해도 됩니다. 이는 함께 하는 신령한 축복입니다. 성경 속에 수많은 약속과 수많은 내용들이 있는데 어느 말씀에 관심을 가지고 기도하느냐, 긍정적인 말씀 축복의 말씀에 집중하시고 구하시고 찾으시면 반드시 좋은 것을 주십니다.

눅 11:10-13, /"구하는 이마다 받을 것이요 찾는 이가 찾을 것이요 두드리는 이에게 열릴 것이니라 너희 중에 아비 된 자 누가 아들이 생선을 달라 하면 생선 대신에 뱀을 주며 알을 달라 하면 전갈을 주겠느냐 너희가 악할지라도 좋은 것을 자식에게 줄줄 알거든 하물며 너희 천부께서 구하는 자에게 성령을 주시지 않겠느냐 하시니라"

사랑하는 형제들이여, 아브라함과 같은 믿음으로 충만하여 가난과 고통과 질병과 저주를 멸하고 반드시 큰 복을 누리는 일생이 되어 주님의 기쁨이 되시기를 기도합니다.

"죄를 짓는 자는 마귀에게 속하나니 마귀는 처음부터 범죄함이니라 하나님의 아들이 나타나신 것은 마귀의 일을 멸하려 하심이니라."(요일 3:8)

영적 갈등

갈 5:17,
육체의 소욕은 성령을 거스리고 성령의 소욕은 육체를 거스리나니 이 둘이 서로 대적함으로 너희의 원하는 것을 하지 못하게 하려 함이니라.

- 자신이 거듭난 크리스천임을 알려주는 확실한 표지가 있는데, 바로 심각한 내적 갈등입니다.

육신을 쫒는 자는 육신의 일을 영을 좇는 자는 영의 일을 생각하나니 육신의 생각은 사망이요 영의 생각은 생명과 평안이니라. 우리의 싸움은 혈과 육에 대한 것이 아니요 정사와 권세와 이 어두움의 세상 주관자들과 하늘에 있는 악의 영들에게 대함이라.

영적 싸움에 승리의 길은 세상을 이기신 그리스도의 옷을 입고 싸우는 싸움입니다.

롬 13:13-14/"오직 주 예수 그리스도로 옷 입고 정욕을 위하여 육신의 일을 도모 하지 말라."

거듭난 사람에게는 두 마음이 있다. 하나는 성령을 따라 그리스도의 뜻에 복종하려는 마음이고, 다른 하나는 육신에 이끌려 욕심을 이루려는 마음이다.

이 둘의 싸움으로 크리스천 안에 영적 갈등이 초래되는 것이다. 어떻게 이 갈등에서 벗어나 그리스도의 뜻에 온전히 복종할 수 있을까? 이것은 사람의 수고나 노력으로 되는 것이 아니다. 우리를 변화시키는 확실성의 빛, 곧 성령의 힘이 우리 안에 역사해야 합니다.

롬 8:2/"이는 그리스도 예수 안에 있는 생명의 성령의 법이 죄와 사망의 법에서 너를 해방하였음이라."

그러니 성령을 구하라.

성령으로 충만 하라.

더 깊은 은혜, 완전한 복종에 이르는 성령 충만을 구하시는 오늘이 되시기를 주의 이름으로 축복하고 기도합니다. 영육 간에, 강건하고 오늘도 승리를 주시는 하나님을 찬양합니다.

롬 8:26-28, /"이와 같이 성령도 우리 연약함을 도우시나니 우리가 마땅히 빌 바를 알지 못하나 오직 성령이 말할 수 없는 탄식으로 우리를 위하여 친히 간구하시느니라 마음을 감찰하시는 이가 성령의 생각을 아시나니 이는 성령이 하나님의 뜻대로 성도를 위하여 간구하심이니라 28, 우리가 알거니와 하나님을 사랑하는 자 곧 그 뜻대로 부르심을 입은 자들에게는 모든 것이 합력하여 선을 이루느니라.

성령의 충만한 상태

엡 5:18,
오직 성령으로 충만함을 받으라.

- 성령 충만의 영적인 상태를 간절히 사모해야 합니다.

1. 성령 충만을 한 마음으로 사모함

성령 충만함을 받기 위해서는, 성령 충만의 영적인 상태를 갈급한 마음으로 간절히 사모해야 합니다. **"오직 성령으로 충만함을 받으라."**는 문장은 비록 수동태이긴 하지만 명령문입니다. 하나님은 모든 그리스도인들이, 성령 충만 하기를 원하고 계십니다.

성도들이여, 성령 충만을 받을 수 있습니다. 그런데 적지 않은 그리스도인들이, 이 명령에 순종하지 않고 있습니다. 그들이 성령을 받았고, 성령이 그들의 마음속에, 내주하고 있다는 사실을 알고는 있다고 하더라도, 성령 충만에 대해, 무관심한 상태로 신앙생활을 하고 있는 경우가 적지 않기 때문입니다.
성령의 내주와 성령의 충만은, 전혀 차원이 다른, 영적인 상태를 가리

키고 있습니다. 많은 그리스도인들이 성령의 도우심을 의지하지 않고 살아가고 있습니다. 그들은 일상적인 신앙생활과 교회생활에 만족하며 살아가고 있습니다.

주일날, 교회에 출석을 해서 예배를 드릴 때에도 하나님을 체험적으로 만나고자 하는 갈급한 마음이 결여되어 있습니다. 그들이 하나님을 섬길 때 자신의 인간적인 결심이나 능력으로만 봉사하는 경우가 적지 않습니다. 하나님의 일은 하나님의 능력으로 성령의 도우심으로 감당해야 합니다. 성령 충만한 상태에서 성령의 강력한 능력을 덧입으며 봉사를 해야 합니다.

고린도교회의 성도들이 영적인 갓난아이의 처지에 머물러 있었던 것은 성령 충만에 대한 갈급함이 부족했기 때문이었습니다.
고전 4:8-10을 보면, 그들의 마음에 성령 이외의 것으로 가득 차 있었음을 알 수 있습니다. **"너희가 이미 배부르며 이미 풍성하며 우리 없이도 왕이 되었도다…우리는 그리스도 때문에 어리석으나 너희는 그리스도 안에서 지혜롭고 우리는 약하나 너희는 강하고 너희는 존귀하나 우리는 비천하여"**
그들은 성령 이외의 것으로 이미 배불러 있었습니다.

또한 계시록 3:17을 보게 되면, 라오디게아교회도 예수님으로부터 비슷한 이유로 책망을 받았던 것을 알 수 있습니다. **"네가 말하기를 나는 부자라 부요하여 부족한 것이 없다 하나 네 곤고한 것과 가련한 것과 가난한 것과 눈 먼 것과 벌거벗은 것을 알지 못하는 도다."**

성령 충만에 대한 갈급함과 목마름이 있을 때 성령으로 충만함을 받을 수 있습니다.

사 55:1-2/"오호라 너희 목마른 자들아 물로 나아오라 돈 없는 자도 오라 너희는 와서 사 먹되 돈 없이 값없이 와서 포도주와 젖을 사라. 그리하면 너희가 좋은 것으로 먹을 것이며 너희 자신들이 기름진 것으로 즐거움을 얻으리라."

계 22:17/"성령과 신부가 말씀하시기를 오라 하시는 도다. 듣는 자도 오라 할 것이요 목마른 자도 올 것이요 또 원하는 자는 값없이 생명수를 받으라 하시더라."

요 7:37-38/"명절 끝날 곧 큰 날에"(그 분은 일어서서 큰 소리로 외치며 이르셨습니다.)"누구든지 목마르거든 내게로 와서 마시라 나를 믿는 자는 성경에 이름과 같이 그 배에서 생수의 강이 흘러나오리라."

성령 충만을 받기 위해서는 영적인 갈증이 있어야 합니다. 갈급한 목마름으로 예수님께로 달려가 예수님만이 주실 수 있는 시원한 생수를 마셔야 합니다. 영원히 목마르지 않는 물을 흡족히 마셔야 합니다.
요 4:13-14을 보면, 예수님이 인생살이에 지쳐 있던 사마리아 여인에게 이렇게 말씀하셨습니다. **"이 물을 마시는 자마다 다시 목마르려니와 내가 주는 물을 마시는 자는 영원히 목마르지 아니하리니, 내가 주는 물은 그 속에서 영생하도록 솟아나는 샘물이 되리라."**

성령은 보혜사 이십니다. 보혜사는 돕는 자, 위로자, 대언자(변호사)라는 뜻입니다. 보혜사 되시는 성령님을 모시고 살면서도 내 힘과 내 능력으로만 살려고 한다면 풍성한 그리스도의 삶을 누리지 못하고 시험에 빠지고 좌절하게 되기 쉽습니다.

보혜사 성령님으로 충만함을 받기 위해서 우리는 목마름과 갈급함을 가져야 합니다. 성령 충만을 간절하게 구해야 합니다. 구하지 않는 그리스도인들을 향해 예수님께서는 요 16:24의 말씀으로 이렇게 말씀하고 계십니다. **"지금까지는 너희가 내 이름으로 아무 것도 구하지 아니하였으나 구하라 그리하면 받으리니 너희 기쁨이 충만하리라."**
배고파 우는 아기에게 어머니가 젖을 물려주듯이 하나님께서는 간절히 사모하는 영혼에게 성령 충만을 허락하신다는 말씀입니다.

2. 내 속에 남아 있는 죄 문제를 청산
성령은'거룩한 영'이기 때문에, 죄와 공존하실 수 없습니다. 따라서 성령 충만을 받으려면 성도는 자신의 마음속에 남아 있는 죄의 문제를 해결해야 합니다. 죄와 허물로 가득 차 있는 성도의 마음에 성령께서 임재 할 수 없는 것은 지극히 당연합니다.

성령께서는 성도들에게 감추어진 죄를 깨우쳐 주십니다. 뿐만 아니라 성도의 마음속에 죄가 있으면, 성령은 근심하십니다. 엡 4:30에, 그리스도인들을 향해, **"하나님의 성령을, 근심하게 하지 말라."**고 명령하고 계십니다. 성도는, 성령으로, 충만함을 받기 위해서는 성령께서 일깨워 주시는 대로, 죄를 자백하고, 회개해야 하는 것입니다,
사도 요한은, **"그 아들 예수의 피가 우리를 모든 죄에서 깨끗하게 하실 것"**(요일 1:7) 이라고 말씀하셨고, 이어서, **"만일 우리가 죄가 없다고 말하면 스스**

로 속이고 또 진리가 우리 속에 있지 아니할 것이요 만일 우리가 우리 죄를 자백하면 그는 미쁘시고 의로우사 우리 죄를 사하시며 우리를 모든 불의에서 깨끗하게 하실 것이"(1:8-9) 라고 약속하셨습니다.

회개와 믿음은 동전의 앞면 뒷면과 같다고 할 수 있습니다. 회개는 죄로부터 그리고 불신앙의 삶으로부터 돌이키는 것 유턴하는 것이라 할 수 있습니다. 반면에 믿음은 예수 그리스도를 향해 달려갑니다.
그렇기 때문에 성령께서 감동을 주실 때 그러므로 회개와 믿음은 회심의 순간에 동시적으로 일어나는 신앙적인 반응으로 나타납니다.

요일 1:3에, 회개와 믿음으로 말미암아 그리스도인은 하나님과 사귐이 있게 된다고 말씀하고 있습니다. 요일 1:3을 한번 보겠습니다. **"우리가 보고 들은 바를 너희에게도 전함은 너희로 우리와 사귐이 있게 하려 함이니 우리의 사귐은 아버지와 그의 아들 예수 그리스도와 더불어 누림이라."** 이와 같이 하나님과의 사귐을 통해 하나님과의 관계가 회복이 됩니다.

그런데 성도들이 죄를 범하거나 하나님의 말씀에 불순종하게 되면 하나님과의 근본적인 관계가 깨어질 수는 없지만 그 관계가 심히 불편해진다고 할 수 있습니다. 하나님은 근심하시고 성도들은 의기소침해지고 번민과 괴로움에 사로잡히게 되기 때문입니다.
그러나 우리가 우리의 죄를 하나님 앞에서 자백하기만 하면 용서받을 수 있는 길이 이미 하나님의 자녀들에게는 열려 있습니다.

자백한다는 말은 성령께서 하시는(책망의) 말씀을 '반복해서 따라서 고백한다.'는 의미입니다. 성령께서 죄를 들추어내시며 깨닫게 해 주시면 "예, 그렇습니다. 제가 실수했습니다. 예 알겠습니다." **"오직 성령으로 충만함을 받으라."**(엡 5:18-20) 성령께서 죄를 들추어내시며 깨닫게 해 주시면 "예 그렇습니다. 제가 실수했습니다. 예 알겠습니다. 제가 잘못했습니다. 제가 죄를 범했습니다." 라고 고백하면 됩니다.

어떤 종류의 죄를 범했을지라도 진심으로 자백하면(혹은 통회 자백하면, 사랑의 하나님께서는 우리의 모든 죄를 용서해 주신다 말씀입니다.) 성도는 그리스도 안에서 용서받을 특권을 이미 누리고 있습니다. 예수님께서 우리들의 모든 죄를 대신 담당하시고 이미 십자가를 지셨기 때문입니다.

사 1:18로 하나님께서 약속해 주셨습니다. **"여호와께서 말씀하시되 오라 우리가 서로 변론하자 너희의 죄가 주홍 같을지라도 눈과 같이 희어질 것이요 진홍 같이 붉을지라도 양털 같이 희게 되리라."**

성도가 이 땅에서 살아가면서 마음으로 생각으로 행동으로 죄를 범하지 않을 수는 없지만 성령께서 죄를 깨우쳐 주실 때 바로 자백하고 회개하여 죄의 문제를 해결하면 됩니다.

3. 보혜사 성령님께 전적으로 의존하고 굴복하여 유지

성령 충만이란 성령이 주인 되어 나를 지배하고 통치하는 영적 상태를 말합니다. 성도인 내가 내주하시는 성령의 능력을 떠나서는 아무것도 할 수 없다는 것을 뼈저리게 느껴야 합니다. 그러면 비로소 성령의 충만한 상태 유지할 수 있습니다 이 말은 성령의 능력 베푸심이 없이는 속수무책일 수밖에 없다는 사실을 통감하는 것을 가리킵니다. 만약에 자신의 능력으로 하나님의 일을 하고 봉사하고자 한다면 성령의 도우심이나 필요를 느끼지 못할 것입니다. 이렇듯 적지 않은 그리스도인들이 매일의 삶을 성령과 상관없이 성령의 도우심 없이 살아가고 있다고 생각 하고 있습니다.

예수님은 '전적인 의존'의 의미를 요 15:1-8말씀에서 포도나무와 그 가지의 비유를 통해 우리에게 설명해 주고 계십니다. 포도열매는 포도나무 가지에서 나온 곁가지에서 열리는데 가지가 포도나무에 붙어 있지 아니하면 포도열매를 맺을 수 없습니다.
"내 안에 거하라 나도 너희 안에 거하리라 가지가 포도나무에 붙어 있지 아니하면 스스로 열매를 맺을 수 없음 같이 너희도 내안에 있지 아니하면 그러하리라."

요 15:4-5/"나는 포도나무요 너희는 가지라 그가 내안에 내가 그 안에 거하면 사람이 열매를 많이 맺나니 나를 떠나서는 너희가 아무것도 할 수 없음이라."

포도나무 가지는 스스로 열매를 맺을 수 없습니다. 가지는 포도나무에 붙어 있어야만 포도나무로부터 오는 수액을 공급받아서 생명을 유지할 수 있고 또한 포도열매를 맺을 수 있습니다. 포도나무 가지가 포도나무로부터 단절되어 있어서는 포도열매를 맺을 수 없음 같이 성도는 예수 그리스도를 떠나서는 아무런 신앙적인 열매를 맺을 수 없습니다. 포도나무 가지가 생명을 유지하고 열매를 맺기 위한 필수적인 조건은 포도나무에 전적으로 의존해 있어야 합니다.

포도나무에 철저하게 붙어 있는 상태 즉 "내 안에 거하라" 나도 너희 안에 거하리라는 말씀처럼 성도가 그리스도께 전적으로 의존하여 긴밀하게 연합되어 있는 상태, 그래서 포도나무이신 예수 그리스도 부터 흘러오는 생명의 수액을 공급받고 있는 상태가 바로 성령 충만한 상태 입니다.

이를 다르게 표현하면 성도가 성령께 전적으로 굴복할 때 성령 충만의 영적인 상태를 경험할 수 있습니다. "전적인 의존 "과 "전적인 굴복"은 비슷한 표현이기는 하지만 후자는 보다 더 강력한 의지적인 결단이 강조된 표현이라고 할 수 있습니다. 성령께서 인도하시는 대로 나 자신의 의지와 야심을 전폭적으로 내려놓고(굴복, 항복, 포기) 성령의 인도하심에 나 자신을 온전히 맡긴 상태가 바로 성령 충만입니다.

탈진상태까지 나를 부인하고 십자가를 지고 따르는 것,

갈 5:16/"내가 이르노니 너희는 성령을 따라 행하라 그리하면 육체의 욕심을 이루지 아니하리라."

갈 2:20/"내가 그리스도와 함께 십자가에 못 박혔나니 그런즉 이제는 내가 사는 것이 아니요 오직 내 안에 그리스도께서 사시는 것이라 이제 내가 육체 가운데 사는 것은 나를 위하여 자기 자신을 버리신 하나님의 아들을 믿는 믿음 안에서 사는 것이라."

갈 5:24~25/"그리스도 예수의 사람들은 육체와 함께 그 정욕과 탐심을 십자가

에 못 박았느니라 만일 우리가 성령으로 살면 또한 성령으로 행할지니"

4. 기도와 말씀으로 하나님과의 친밀한 교제의 지속

기도와 말씀으로 하나님과의 친밀한 교제를 계속할 때 성령 충만의 영적인 상태를 견지할 수 있습니다. 앞에서 살펴본 대로 "오직 성령으로 충만함을 받으라"는 말씀은 비록 수동태이기는 하지만, 현재시제이자 명령형 입니다. 현재시제는 계속적으로 반복적으로 성령으로 충만함을 받으라는 말입니다. 이 말은 성령 충만의 상태가 상실될 수도 있음을 전제로 하고 있습니다.

성도가 반복적으로 죄를 범할 때나 육체의 일들에 빠져 있을 때 인격이신 성령 자체를 상실할 수는 없지만 성령 충만의 상태를 상실할 수는 있습니다. 이러할 때 성령께서 근심하시고 성도를 책망하시면 곧 바로 돌이켜야 하는데 그것은 기도밖에 다른 길이 없습니다.
'아버지 하나님!' 하고 하나님을 부르며 기도하기를 시작하면 비로소 불편해 있던 아버지와의 관계가 회복되기 시작합니다.

성경 말씀을 읽고 묵상하면 하나님의 뜻을 깨달아 알게 됩니다. 특히, 갈 5:19-21이 말하고 있는 육체의 일들 음행, 더러운 것, 호색, 우상숭배, 주술, 원수 맺는 것, 분쟁, 시기, 분 냄, 당 짓는 것, 분열함, 이단, 투기, 술 취함, 방탕함 등이 나를 지배하고 있지는 않은지, 자신을 살피고, 기도해야 합니다. 겉으로 드러나는, 이러한 육체의 일들에 대해, 진지하게 자백할 때, 성령이 성도의 마음을, "오직 성령으로 충만함을 받으라."

겉으로 드러나는 이러한 육체의 일들에 대해 진지하게 자백할 때 성령이 성도의 마음을 주장하시며 성령으로 충만케 하십니다. 뿐만 아니라 겉으로 드러나지 않는 성도의 내적인 생각과 동기까지를 성령께서 다스리시게 함으로써 성령 충만의 상태를 견지해야 합니다.

은행에 1억 원의 예금을 가지고 있는 사람은 그 한도 안에서 얼마든지 현금을 찾아 쓸 수 있습니다. 그가 백만 원의 돈이 필요할 때 은행원에게 백만 원만 달라고 '구걸하지' 않습니다. 청구서에 백만 원이라고 쓰고 당당하게 현금을 내달라고 요구합니다. 그것은 그의 권리이자, 특권입니다. 하나님은 예수 믿은 성도에게 '한량없이' 성령을 주셨습니다.

요 3:34/"하나님이 보내신 이는 하나님의 말씀을 하나니 이는 하나님이 성령을 한량없이 주심이니라."

하나님께서 모든 성도들에게 성령으로 충만함을 받기를 명령하셨다면 누구나 성령 충만의 영적인 상태를 기대할 수 있습니다. 어찌 보면, 은행에 1억 원의 예금을 가지고 있는 사람이 그 한도 안에서 마음껏 현금을 찾아 쓸 수 있는 것처럼 성도라면 누구나 성령 충만의 영적인 상태를 누릴 수 있는 특권이 있다는 말씀입니다.
그리스도 안에서 아버지 하나님께 다음과 같이 기도해야 합니다.

- 아버지 하나님, 감사합니다.
이 세상의 수많은 사람가운데 이 부족한 죄인을 선택하고 사랑해 주시어서 독생 성자 예수 그리스도를 이 땅에 보내주셔서 감사합니다.

예수님께서 우리의 모든 죄를 담당하시려고, 십자가에서 죽으셨습니다. 우리의 허물과 죄로 죽어야 마땅한 죄인들 이었는데 죄인들을 대신하여 예수님께서 살을 찢으시고 물과 피를 몽땅 쏟으셨습니다.
그러나 3일 만에 죽음의 권세를 물리치시고 부활하셨고 승천하셨습니다. 그리고 승천하신 후 지금도 살아계셔서 인생들의 생사화복을 주장하고 계시니 감사합니다.
예수님을 우리를 구원하신 구세주로 그리고 우리의 생명의 주인으로 고백하며 영접할 수 있도록 은혜를 베풀어 주시니 감사를 드립니다. 또한 우리에게 성령을 부어주시고 우리들 마음을 성령의 전으로 삼아주신 것을 감사드립니다.
그럼에도 불구하고 때로는 우리들 삶 가운데서 예수 그리스도의 복음을 떠나 살아왔음을 고백하고 회개합니다. 이 같은 죄인들에게 성령 충만함을 허락해 주시어서 우리의 마음과 행동과 삶을 성령께서 지배하시고 통치하여 주옵소서.
예수님만을 전적으로 의지하며 성령께서 인도하는 대로만 행동하게 하시고 성령만을 따라 살게 하옵소서 아울러 성령의 능력과 권능으로 담대하게 진리의 복음을 증거하게 하시고 방황하며 죽어가는 영혼들을 주님께로 인도할 수 있도록 도와주옵소서.
예수님의 이름으로 기도드립니다. 아멘.

비밀이신 그리스도

엡 3:4,
이것을 읽으면 그리스도의 비밀을 내가 깨달은 것을 너희가 알 수 있으리라.

- 비밀을 알게 되었다는 것은 특별한 은총입니다.

비밀은 곧 신비한 것이다. 이것을 알게 되었다는 것은 특별한 은총이다. 감추어진 것이 열려야 알게 된다. 성경은 성령님의 감동으로 선지자들과 사도들을 통하여 기록 된 하나님의 살아있는 말씀이다.
성경은 하나님의 비밀인 예수 그리스도에 대한 말씀이며, 생명의 말씀이며, 영생하는 양식입니다.(엡 1:9. 3:3. 3:4.3:9. 5:32. 6:19)
성경 말씀은 곧 예수 그리스도시오 예수님 안에는 [은혜와 진리]가 충만하며[지혜와 지식의 모든 보화]가 감추어져 있으며,[구원에 이르는 지혜]가 있도다.

1. 말씀이 육신을 입어 이 땅에 오신 주님

요1:14/"말씀이 육신이 되어 우리 가운데 거하시매 우리가 그의 영광을 보니 아

버지의 독생자의 영광이요 은혜와 진리가 충만하더라."

만국의 보화요. 보물 중에 보물이요 감추어진 보배입니다.

골 2:2~3/"이는 그들로 마음에 위안을 받고 사랑 안에서 연합하여 확실한 이해의 모든 풍성함과 하나님의 비밀인 그리스도를 깨닫게 하려 함이니 그 안에는 지혜와 지식의 모든 보화가 감추어져 있느니라."

그러므로 성경을 날마다 배우고 상고하여 구원의 확신에 거해야 합니다. 성경은 성령의 감동으로 선지자들과 사도들이 쓴 말씀입니다.

하나님께서 우리에게 말씀을 주신 목적은?

1) 우리로 예수를 믿음으로
구원에 이르는 지혜가 있게 하고

2) 교훈과 책망과 바르게 함과
의로 교육하기에 가장 유익한 인생의 삶의 참된 나침판입니다.

3) 성경은 하나님의 사람으로
온전하게 하며 선한 일을 행할 능력을 갖게 하려 함이라.

2. 너는 배우고 확신한 일에 거하라

너는 네가 누구에게서 배운 것을 알며 또 어려서부터 성경을 알았나니 성경은 능히 너로 하여금 그리스도 예수 안에 있는 믿음으로 말미암아 구원에 이르는 지혜가 있게 하느니라.

딤후 3:14-17/"모든 성경은 하나님의 감동으로 된 것으로 교훈과 책망과 바르게 함과 의로 교육하기에 유익하니 이는 하나님의 사람으로 온전하게 하며 모든 선한 일을 행할 능력을 갖추게 하려 함이라."

성경은 살아 역사하시는 하나님의 말씀이라.

히 4:12-13/"하나님의 말씀은 살아 있고 활력이 있어 좌우에 날선 어떤 검보다도 예리하여 혼과 영과 및 관절과 골수를 찔러 쪼개기까지 하며 또 마음의 생각과 뜻을 판단하나니 지으신 것이 하나도 그 앞에 나타나지 않음이 없고 우리의 결산을 받으실 이의 눈앞에 만물이 벌거벗은 것 같이 드러나느니라."

성경은 창조자시요 전지전능하신 하나님이 우리를 지극히 사랑하시는 아버지이심을 확실하게 알게 합니다.
예수님은 하나님이시오
하나님의 독생자이시오
우리를 구원하시려고
사람의 몸을 입으시고 구세주로 세상에 오셔서 우리의 죄와 허물을 한 몸에 대신 지시고 십자가에서 피 흘려 죽으심으로 예수님의 피로 속죄해 주셨습니다.
우리를 죄와 사망의 법에서 해방시켜 자유를 주시고 죽은 자 가운데서 다시 살아나셔서 부활의 첫 열매가 되셨습니다. 예수님을 죽은 자 가운데서 살리신의 성령이 우리의 죽은 몸도 다시 살리시고 주님 오실 때까지 살아남은 자는 주님의 거룩한 몸의 형체와 같이 변화시켜

주셔서 주님의 혼인잔치에 참예하게 하실 것입니다.

부활하신 예수님은 40일 동안 10여 차례 제자들에게 나타나 보이시고 500여 성도들이 지켜보고 있는 중에 두 천사의 호위를 받으며 하늘구름을 타시고 하늘로 승천하셔서 하나님 보좌 우편에 앉아 계시다가 우리 성도들을 구원하시고 악한 자들을 심판하시려고 영광과 능력과 권세로 다시 재림하실 예수님이 우리의 구주 예수 그리스도이심을 알게 합다.

3. 성령님은 우리 안에 거하셔서

우리에게 인을 치시어 하나님의 자녀가 되게 하시고 우리를 그리스도의 사람, 즉, 거듭난 새 사람으로 몸과 마음을 변화시키시고
능력으로 우리를 세상에서 보호하시며 인도하시고
우리의 죄를 지적하시여 진정으로 회개하게 하시고
각양 은사를 주셔서 하나님의 일을 지혜롭게 충성 되이 감당하게 하시고
선악간에 분별력을 주시며 영광스런 하늘나라를 날마다 소망하게 하시고
세상 끝날 까지 함께하시어 선한싸움에 승리하게 하시고
달려갈 길을 잘 달려가게 하시며
끝까지 믿음을 지키게 하신 성령의 능력을 깨달아 알게 합니다.
말씀 따라 순종하며 살아가가야 합니다.
- 주의 말씀은 내 발의 등이요. 내 길에 빛이니이다.

주 안에서

빌 4:13,
내게 능력 주시는 자 안에서 내가 모든 것을 할 수 있느니라.

- 긍정의 마음으로 남은 모든 시간도 영적 결산을 잘해서 유종의 미를 거두시기를 축복합니다.

모든 것이 얼어붙은 영하의 추위 속에 우리의 삶도 희망보다 절망으로 굳어지는 듯 할 때가 있는 것 같습니다. 그런데 생각을 바꾸면 상황은 전혀 달라집니다.
내 믿음의 열정이 모든 것을 녹여버릴 수 있다고 생각하고 말하는 그 순간에 삶은 달라질 수 있답니다. 긍정의 힘과 굳건한 믿음은 범사에 절망을 희망의 삶으로 변화시킵니다.

구원의 확신과 영적 성숙의 저자 조지 스위팅은 우리의 기억 속에 영원히 남을 이런 멋진 말을 했답니다.
"사람은 40일을 먹지 않고도 살 수 있고, 3일 동안 물을 마시지 않고도 살 수 있으며, 8분간 숨을 쉬지 않고도 살 수 있다고 한다. 그러나 희망 없이는 단 2초도 살 수 없다."

똑같은 상황 똑같은 환경이라 할지라도, 희망을 가슴에 품고 있는 사람의 인생과 '절망'을 가슴에 품고 있는 사람의 인생 사이에는 크나큰 차이가 있답니다.

실패를 성공으로 이끄는 말!
아무것도 가진 것이 없는 두 손일 때도 모든 것을 가질 수 있는 가능성을 주는 말, 세상에서 두 글자로 된 말 중에서 가장 좋은 말 그것은 바로 〈희망〉 즉 소망입니다.

이탈리아의 시인 단테는 자신의 작품에서 지옥의 입구에는 이런 글이 적혀 있다고 적었답니다.
"여기, 들어오는 자는 모든 희망을 버려라."

우리를 천국으로 데려다 주는 말, 그 희망을 늘 가슴에 품고 살아가는 인생여정이 되기를 소망합니다. 그 어떠한 상황 그 어떤 장소 그 어떤 시간에서도 결코 포기해서는 안 될 것 하나, 그것의 이름은 바로 희망, 희망, 희망입니다!

고질병에 점 하나를 찍으면 '고칠병'이 되니, 점 하나가 그렇게 중요합니다. 부정적인 것에 긍정의 점을 찍었더니, 불가능한 것도 가능해졌습니다.

빚이라는 글자에 점 하나 찍어보면 '빛'이 됩니다.
부정적인 것에 긍정의 점을 찍으면 절망이 희망으로 바뀝니다.
불가능한 것도 한 순간 마음을 바꾸면 모든 것은 꿈이 있고 희망이 꽃피며 불가능이 가능함으로 변합니다. 무심코 찍은 점 하나가 의미와 목적을 바꾸듯, 무심코 바꾼 생각 하나가 인생을 바꿉니다.
그렇다면 오늘, 그 기적의 점 하나를 어디에다 찍으시겠습니까?

사도 바울은 옥중이라는 절망의 자리에 있으면서도 웃음을 잃지 않았고 희망을 놓치지 않았습니다.

그는 옥중에서,
"내게 능력 주시는 자 안에서 내가 모든 것을 할 수 있느니라"(빌4:13)
고 선언하였고. 사실 그렇게 되었습니다.

우리 모두 끝까지 희망의 끈을 놓치지 않기를 바랍니다. 내게 능력주시는 그리스도 안에서 모든 것을 할 수 있다는 희망을 가지고, 인생여정에 믿음으로 점을 하나 새롭게 찍으면서 희망을 향하여 힘차게 전진합시다.
우리 모두 더욱더 삶의 범사에 영육 간에 영생복락의 유종의 미를 풍성히 거두는 가운데, 더욱 아름답기를 예수님의 이름으로 축복합니다.

감사를 넘치게 하라

골 2:6-7,
6, 그러므로 너희가 그리스도 예수를 주로 받았으니 그 안에서 행하되
7, 그 안에 뿌리를 박으며 세움을 받아 교훈을 받은 대로 믿음에 굳게 서서 감
사함을 넘치게 하라.

- 감사가 넘치면 일곱 가지의 기적이 나타납니다.

복 있는 사람은 매사에 감사를 합니다. 그러나 부정적인 사람은 늘 따지고. 원망하고 불평을 합니다.

1. 우울한 기분이 사라짐

감사가 사라지면 우울한 생각으로 가득차지만 감사를 드리고 나면 우울한 기분이 사라지게 되습니다. 감사를 하면 감사한 일들이 싹이 나고 잎이 피고 꽃이 피어 향기를 내며 많은 감사의 열매를 맺게 합니다.

2. 삶의 기쁨이 넘침

감사가 사라지면 기쁨이 사라지고 원망하고 짜증을 내게 되지만 그런 상황에서도 감사를 넘치게 하면 기쁨이 충만해지습니다.
우리의 말속에는 창조의 힘이 있습니다. 말하는 대로 그 말이 나를 이끌어 가도록 되어있는데 죽고 사는 권세가 혀에 달려있습니다. 그러므로 감사의 좋은 바이러스를 전파해서 더욱 좋은 세상을 만들어 가야 합니다.

3. 미래에 대한 믿음과 소망이 넘침

감사가 없는 사람은 믿음이 식어지고 의심이 생기며 소망이 절망으로 바뀌지게 됩니다. 그러나 감사가 넘치면 믿음이 생기며 확신과 소망이 넘치게 되는 것입니다
그. 사람의 믿음의 척도를 재는 것은 얼마나 고난 속에서 감사하느냐에 달렸습니다. 범사에 감사하라.

4. 긍정적인 마음의 자세를 가짐

감사가 식어지면 부정적인 생각으로 가득차서 부정적인 것만 생각하고 부정적인 것만 바라보고 부정적인 것만 말하게 됩니다. 그러나 감사가 넘치면 긍정적으로 생각하고 긍정적인 것을 바라보고 긍정적인 것만 말하게 되습니다.
하나님은 긍정적인 사람과 함께 구속사의 역사를 이루어 가십니다.
성경속의 위대한 사람들은 모두가 적극적. 긍정적. 창조적. 하나님을 닮은 사람들입니다.

5. 하나님과 사람에 대하여 마음이 후해짐

감사가 식어지면 인색해지고 구두쇠가 되지만 감사가 넘치면 하나님께 후한 사람이 되고 이웃에게도 무언가 주고 싶은 후한 마음이 생기게 됩니다.

자기 것을 주는 사람이 있고, 상대의 것을 구걸하는 사람이 있습니다. 감사하는 사람에게는 이와 같은 작은 것이라도 나누어 주기를 기뻐하고 주는 행복 속에서 감사가 넘쳐납니다. 감사 할 때 기적의 역사가 나타나게 됩니다.

6. 4차원의 생활 소유

감사 속에 하나님의 비밀인 그리스도의 은혜와 평강이 충만합니다. 바울은 빌립보 감옥에서 감사 찬양하므로 땅을 진동시켰습니다.

우리도 이런 역사를 이루기 위해 끊임없이 감사 속에서 하나님의 구속의 역사를 새 창조의 역사를 이 땅위에 만들어 내는 주역들이 되어야 합니다.

7. 신령한 사람들은 눈에 보이지 않는 것으로 살아감

영적세계는 눈으로 볼 수 없고 손으로 잡을 수 없으므로 감사하는 사람은 미래적 현실이 다가온 사람입니다. 아브라함과 이삭과 야곱에게 허락하신 것들을 믿음의 눈으로 볼 수 있는 신령한 사람들입니다. 매일, 매일 감사로 승리하는 생활을 이룰 수 있기를 바랍니다.

시편136편은 매절마다 감사하라, 26번 감사로 시작하고 감사로 끝납니다. 감사함으로 기적을 매일 만나는 복된 삶이시기를 바랍니다. 그리하여 감사함으로 형통하고 감사함으로 윤택한 삶이 이루어져서 기적을 만납시다.

역사하는 믿음

살전 1:3,
너희의 믿음의 역사와 사랑의 수고와 우리 주 예수 그리스도에 대한 소망의 인내를 우리 하나님 아버지 앞에서 쉬지 않고 기억함이니

- 믿는다고 다 구원을 받고, 응답을 받고. 역사가 나타나지 않습니다.

믿는 자는 많으나. 하나님이 인정하는 믿음의 사람이 많지 않다는 것이 문제입니다. 주님께서 물으십니다.
너의 믿음이 어디 있느냐?
믿음이 적은 자들아,
믿음이 떨어지다.

두려워하는 믿음,
죽은 믿음,
의논하는 믿음,
머리로 계산하는 믿음

고후 4:13/"기록된바 내가 믿었으므로 말하였다 한 것 같이 우리가 같은 믿음의 마음을 가졌으니 우리도 믿었으므로 또한 말하노라."

어떤 사람들은 "믿음이 역사할 줄 알았어요! 내 건강에 대한 말씀을 믿었는데, 왜 아무 일도 일어나지 않죠?"라고 불평합니다.
그런 사람들은 말씀에 지식적으로만 동의했을 수도 있습니다. 그렇게 역사하는 것이 아닙니다. 진정한 믿음은 심령에서 나옵니다.
사도 바울은 롬 1:16에서 예수님의 복음은 역사하는 하나님의 능력이라고 말씀합니다. 복음은 믿는 모든 사람에게 구원을 가져다줍니다. 복음을 믿지 않는 자는 복음의 유익을 가질 수 없습니다.

머리로 믿는 것이 아니라 마음으로 믿어야 합니다(롬 10:8-10). 그것이 바로 그대의 영입니다. 하나님과 접촉하는 것은 그대의 영입니다. 믿음은 머리나 생각의 반응이 아닙니다. 믿음은 어떤 마법이나 공식이 아닙니다. 믿음은 하나님의 말씀에 대한 인간 영의 반응입니다.

눅 6:6-10에서 예수님은 회당에서 가르치시다가 마른 손을 가진 사람을 마주치셨습니다. 예수님은 그 사람에게 손을 내밀라고 지시하셨고, 그가 시킨 대로 하자 그의 손이 회복되었습니다! 그 사람이 주님의 지시를 머리로 이해하려고 노력했다면 기적을 받을 수 없었을 것입니다. 그러나 그는 말씀에 영으로 반응했습니다.

그는 영으로 예수님의 말씀을 듣고 영으로 행했습니다. 막 2장에 등장하는 비슷한 일화가 떠오릅니다. 주 예수님은 중풍 병자를 치유해 주셨습니다. 예수님은 그에게 "… **일어나 네 상을 가지고 집으로 가라**"(막 2:11)고 말씀하셨습니다. 그때 중풍병자는 자리에서 일어났고, 하나님을 찬양하며 걸어 나갔습니다.
그 사람이 영으로 반응하지 않았다면 일어날 수 없었을 것입니다. 그의 몸에는 질병과 연약함이 있었지만, 그의 영은 상하지 않았습니다. 그렇다면 어떻게 그런 상태의 사람이 일어날 수 있었겠습니까? 답은 간단합니다. 그가 주님의 말씀을 들었을 때, 그는 영으로 행했고 그것을 결과를 만들어 냈습니다.

그대가 심령으로 말씀을 믿고 그대의 입으로 고백한다면 결과를 얻게 될 것입니다. 할렐루야!

나는 말씀에 내 영으로부터 반응합니다. 나는 내가 그리스도 예수 안에서 승리자이자 성공이라는 말씀을 믿습니다! 나는 건강, 형통, 승리 가운데 걷습니다.
나는 하나님이 말씀하신 그런 사람입니다. 나는 하나님이 내가 가지고 있다고 말씀하신 것을 가지고 있습니다. 나는 하나님이 내가 할 수 있다고 말씀하신 것을 할 수 있습니다. 할렐루야.

롬 10:8-10/"그러면 무엇을 말하느냐 말씀이 네게 가까워 네 입에 있으며 네 마음에 있다 하였으니 곧 우리가 전파하는 믿음의 말씀이라."

네가 만일 네 입으로 예수를 주로 시인하며 또 하나님께서 그를 죽은 자 가운데서 살리신 것을 네 마음에 믿으면 구원을 받으리라 사람이 마음으로 믿어 의에 이르고 입으로 시인하여 구원에 이르느니라.

"무릇 하나님께로부터 난 자마다 세상을 이기느니라. 세상을 이기는 승리는 이것이니 우리의 믿음이니라."(요일 5:4)
"믿음으로 모든 세계가 하나님의 말씀으로 지어진 줄을 우리가 아나니 보이는 것은 나타난 것으로 말미암아 된 것이 아니니라."(히 11:3)

믿음은 들음에서 나며 들음은 그리스도의 말씀으로 말미암았느니라.
말씀은 믿음의 원천이 됩니다.
날마다, 때마다, 일마다, 해마다.
말씀에 잡힌바 된 되시기를 축복합니다.

행 18:5/"실라와 디모데가 마게도냐로서 내려오매 바울이 하나님의 말씀에 붙잡혀 유대인들에게 예수는 그리스도라 밝히 증거하니"

인간의 구조

살전 5:23,
평강의 하나님이 친히 너희로 온전히 거룩하게 하시고 또 너희 온 영과 혼과 몸이 우리 주 예수 그리스도 강림하실 때에 흠 없게 보전되기를 원하노라.

사람을 이루고 있는 구성요소는 '영과 혼과 몸'입니다.

여기서 이처럼 우리 인간을 이루고 있는 사람의 구성 요소 중에서 영과 혼과 육이 전인적 구원. 전인적 건강을 원하시는 것이 주님의 마음입니다. 이 세 가지 요소가 하는 일이 각기 다르고 신비스러운 조화를 통하여 하나님의 처소, 거처, 집, 성전, 그릇, 몸, 지체, 기능이 저마다 다르게 사용되고 있습니다.

1. 영

'영'의 기관은 하나님이 거하실 수 있는 곳으로서 하나님과 영적세계를 인식하고 하나님과 교제하며 하나님과 교통하며 하나님께 예배하며 하나님을 기뻐하며 하나님의 뜻을 따르기를 원하며 하나님을 섬길 수 있는 곳입니다. 그러기에 성경에 보면 **"죄와 허물로 죽었다"**(창 3장의 선악과 사건으로 인하여)가 예수 그리스도로 말미암아 다시 살아나게 된 것도 혼이 아니고 영입니다

엡 2:1, "너희의 허물과 죄로 죽었던 너희를 살리셨도다"

요 3:5-7, "...사람이 물과 성령으로 나지 아니하면 하나님 나라에 들어갈 수 없느니라. 육으로 난 것은 육이요 성령으로 난 것은 영이니 내가 네게 거듭나야 하겠다 하는 말을 기이히 여기지 말라".

성령께서는 그가 거듭나게 해서 중생시키신 인간의 영에 거하시면서 그가 중생시키신 영과 함께 활동하십니다(롬8:16, 요14:16-20). 그래서 방언으로 기도하는 것은 인간의 혼(마음)이 기도하는 것이 아니고 우리 인간의 영이 기도하는 것입니다(고전14:14-15).
또한 성경에 보면 에녹이나 노아나 아브라함이나 모세와 다윗과 같은 하나님의 크신 사랑과 은총과 축복을 크게 받은 사람들은 모두가 다 영이 가장 우선적으로 잘된 사람들로서 영의 소욕을 가장 우선적으로 따르는 영에 속한 사람들입니다.

2. 혼

'혼'에는 지성과 감정과 의지가 있습니다. 그래서 지식과 학문과 윤리와 도덕과 철학과 종교를 논하지만 이 모두가 영의 기관처럼 하나님과 하나님의 말씀과 하나님의 나라 중심이 아니고 모두가 다 인간중심입니다. 그래서 자아의지를 따르기를 원하며 신본주의가 아니라 인본주의적인 삶을 살게 합니다.

그래서 혼은 이처럼 지성이 있고 감정이 있고 의지가 있습니다마는 이 모든 것들이 영과 같이 하나님을 중심하고 하나님의 말씀을 중심하고 하나님의 나라와 하나님의 나라 복음을 위해서 사는 삶이 아닌 인간 자신의 인간적인 뜻과 인간적인 정욕과 세상적인 욕망만을 위한 삶을 살게 합니다.

하나님은 이와 같은 우리 인간의 혼에게 자유의지를 또한 주셔서 육신의 일을 생각해서 육신을 따를 수도 있게 하고 영의 일을 생각해서 영의 소욕을 따를 수도 있게 하셨습니다. 그러므로 혼의 핵심인 마음이 육신에 잡혀있으면 육신을 따라 행하게 되고 영에 사로잡혀 있으면 영을 따르게 됩니다. 우리의 마음이 어느 쪽으로 가 있느냐에 따라서 우리의 생활이 좌우되게 되는 육신에 속한 사람입니다.

3. 육

'육'은 세상의 보고 듣고 감각한 대로 육체의 본성적이고 정욕적인 삶을 위해서 살기를 원합니다. 그래서 육의 소욕을 따라 행하는 육에 속하는 사람들의 대표적인 사람들은 노아홍수 시대의 사람들과 소돔과 고모라성에 사는 사람들입니다. 이들은 얼마나 육에 속한 사람들인지 노아시대 사람들은 자기들이 볼 때 아름답게 보이는 여자들을 다 자기들의 아내로 삼았다고 하였습니다(창 6:1-2).
그리고 소돔성에 사는 사람들도 얼마나 육에 속한 사람들인지 남자가 남자와 더불어 상관하는 동성애의 자리에까지 떨어졌습니다. 그러다가 이들의 죄악이 너무나 차고 넘쳐서 하나님께서는 노아시대 사람들은 홍수로 쓸어버리시고(창 6:5-13) 소돔과 고모라성의 사람들은 하늘에서 내려온 불로 그들을 다 멸하셨던 것입니다(창 19:1-29). 이는 육에 속한 사람입니다.

하나님은 인간을 구성하는 요소 중에서 영이 가장 우선적으로 잘 되기를 원하시고 또 그처럼 영이 가장 우선적으로 잘 될 때 크게 기뻐하시고 그 사람에게 크게 복을 더하여 주십니다(요삼2절, "사랑하는 자여 네 영혼이 잘 됨같이 네가 범사에 잘 되고 강건하기를 내가 간구하노라")
우리는 혼과 육에 속한 삶은 지양하고 "영에 속한 삶을 더욱 힘써 살 수 있게 되시기"(말씀 충만과 성령 충만과 믿음 충만으로)를 바랍니다.
할렐루야!
육에 속한 사람은 육신의 일을
혼에 속한 사람은 이성의 일을
영에 속한 사람은 영성의 일을 생각합니다.
우리 그리스도인들은 시작과 끝이 영에 속한 것이어야 합니다.

"모든 이론을 파하며 하나님 아는 것을 대적하여 높아진 것을 다 파하고 모든 생각을 사로잡아 그리스도에게 복종케 하니."(고후 10:5)

살리는 것은 영이니 육은 무익하니라.

말씀과 기도로 거룩해짐

딤전 4:4-5,
4, 하나님의 지으신 모든 것이 선하매 감사함으로 받으면 버릴 것이 없나니
5, 하나님의 말씀과 기도로 거룩하여짐이니라.

- 성도의 기도는 무한한 능력이 있음을 믿고 기도에 힘써야 합니다.

물과 말씀으로 깨끗하게 됩니다.
하나님의 불로 소멸되게 됩니다.

기도는 우리의 자본이요. 자산이요. 자원입니다. 미국의 의사 존 자웨트(John Henry Jowett)는 "감사하는 마음으로 식사기도를 하고, 음식을 먹는 사람들"을 연구한 결과, 기도하지 않고 음식을 먹는 사람들에게서는 찾아볼 수 없는 특이한 물질을 발견했다고 했습니다.

첫 번째 물질은 연구자인 존 자웨트도 완전히 규명할 수 없는 일종의 신비한 백신(Vaccine)이었습니다. 이 백신은 모든 질병을 예방해 주는 효능을 지니고 있습니다. 이 기도 백신이 질병을 예방하고, 인간의 면

역(免疫) 기능을 향상시킨다고 발표했습니다.

두 번째 물질은 항독서(Antitoxin)라는 물질입니다. 이 항독서 혈청(血淸)은, 항체 역할을 담당하여 각종 질병의 진행을 억제시켜주고, 병균(病菌)의 침입(侵入)을 막으며, 살균(殺菌)합니다. 실병의 예방과 치료에까지 도움을 줍니다.

세 번째 물질은 안티셉틴(Antiseptin)입니다. 안티셉틴은 방부제(防腐劑) 구실을 합니다. 이 방부제는 위장 내에서 음식물이 이상 발효(發效)하거나 부패(腐敗)하는 것을 방지하고, 소화 흡수를 도와 사람들의 건강을 증진시키는 작용을 합니다.

"내 영혼아! 내속에 있는 모든 것들아 주님을 찬양하라.
식사 기도에 이러한 효능이 있다고, 현대 의사가 의학적으로 증명했다. 식사 기도가 얼마나 중요한가? 감사한 마음으로 식사할 때, 건강까지 약속하신 하나님을 찬양하라."

오늘, 하나님으로 인하여 감사로 충만한 하루가 되시기를 원합니다.

요3서 1:2/"사랑하는 자여 네 영혼이 잘 됨같이 네가 범사에 잘 되고 강건하기를 내가 간구하노라."

영과 혼과 육체의 건강을 증진시키는 것이 하나님의 보시기에 좋았더라.

시 136:25-26/"모든 육체에게 식물을 주신 이에게 감사하라 그 인자하심이 영원함이로다 하늘의 하나님께 감사하라 그 인자하심이 영원함이로다.

무시로 기도하라.

성령의 능력으로 기도하라.

항상 깨어서 기도하라.

감사함으로 하나님께 기도하라.

기도의 쉬는 죄를 범하지 말라.

낙심하지 말고 기도하라.

구한 것은 받은 줄 믿고 기도하라.

기도의 불을 끄지 말라.

기도할 때 물이 변하여 포도주가 되고, 쓴물이 단물이 되고 우리의 몸 속의 독소는 빠져나가고. 육의 몸이 영의 몸으로 체질개선 됩니다.

내가 기도하면 하나님은 일하십니다. 주님께서 음식을 드시기 전에 기도하셨습니다.

힘써 싸우라

딤후 4:7-8,
7, 내가 선한 싸움을 싸우고 나의 달려갈 길을 마치고 믿음을 지켰으니
8, 이제 후로는 나를 위하여 의의 면류관이 예비되었으므로 주 곧 의로우신 재판장이 그 날에 내게 주실 것이니 내게만 아니라 주의 나타나심을 사모하는 모든 자에게니라.

- 이 세상에 살아가는 모든 성도들은 영적으로 육체적으로 날마다 치열하게 싸우며 살아갑니다.

사도 바울의 마지막 고백.

"나는 선한 싸움을 싸우고 나의 달려갈 길을 마치고 믿음을 지켰으니 이제 후로는 나를 위하여 의의 면류관이 예비되었으므로 주 곧 의로우신 재판장이 그 날에 내게 주실 것이며 내게만 아니라 주의 나타나심을 사모하는 모든 자에게도니라."

우리의 싸움의 대상

1. 하늘에 있는 악의 영들
2. 악한 사탄, 마귀 군대들

3. 불의한 통치자들

4. 불법을 행하는 권세자들

5. 이 어둠의 세상 주관자들

6. 어두움에 속한 자들

7. 복음을 왜곡시키는 이단들

8. 하나님을 대적한 자들

9. 육적인 자기 자신이라.

1. 성도의 싸움의 무기-하나님의 전신갑주

엡 6:11~17/ "마귀의 간계를 능히 대적하기 위하여 하나님의 전신 갑주를 입으라 12, 우리의 씨름은 혈과 육을 상대하는 것이 아니요 통치자들과 권세들과 이 어둠의 세상 주관자들과 하늘에 있는 악의 영들을 상대함이라 그러므로 하나님의 전신 갑주를 취하라 이는 악한 날에 너희가 능히 대적하고 모든 일을 행한 후에 서기 위함이라 그런즉 서서 진리로 너희 허리띠를 띠고 의의 호심경을 붙이고 평안의 복음이 준비한 것으로 신을 신고 모든 것 위에 믿음의 방패를 가지고 이로서 능히 악한 자의 모든 불화살을 소멸하고 구원의 투구와 성령의 검 곧 하나님의 말씀을 가지라."

2. 성도의 승리의 병법 28가지

1, 말씀의 검, 곧 성령의 검을 가지고 싸우라.

2, 구원의 투구를 쓰고 싸우라

3, 의와 진리의 띠를 띠고 나아가 싸우라

4, 믿음의 방패를 들고 싸우라

5, 평화의 복음의 신을 신고 나아가 싸우라

6, 예수님의 이름 권세로 나아가 싸우라.

7, 성령의 능력과 권능으로 나아가 싸우라.

8. 오직 주의 사랑의 힘으로 싸우라.

9. 깨어 기도하며 순종으로 행동하라.

10. 실패를 디딤돌로 삼으라.

11. 위기를 기회로 만들어라.

12. 하나님의 지혜와 묘략으로 싸우라

13. 강하고 담대한 믿음으로 나아가 싸우라.

14. 모든 일에 인내와 오래 참음으로 승부하라.

15. 전능하신 하나님의 편에 서서 싸우라.

16. 항상 찬양을 앞세우고 나아가 싸우라.

17. 구원의 복음의 나팔을 불고 나아가 싸우라.

18. 성령의 횃불을 높이 들고 전진하라.

19. 항아리(자신을)를 깨뜨리라.

20. 여호와의 성호를 합심하여 크게 외치라.

21. 날마다 순간마다 선한 싸움을 잘 싸우라

22. 예수님을 푯대삼고 달려갈 길을 끝까지 달리라

23. 순교자의 정신으로 믿음을 끝까지 지키라

24. 십자가의 군기를 앞세우고 싸우라

25. 영광스런 천국에 이를 때까지 싸우라

26. 정과 욕심을 십자가에 못 박으라

27, 성령의 분별력을 갖고 비 진리와 불의와 싸우라

28, 이기적인 마음과 음란과 탐욕적이요. 유혹의 함정에 빠지기 쉬

운 나를, 말씀과 기도로 이기라.

3. 전쟁은 하나님께 속해 있으니 주께 맡기고 나아가라.

"세상에서는 너희가 환난을 당하나 담대하라 내가 세상을 이기었노라."(요 16:33하)

승리는 내 것일세 승리는 내 것일세
구세주의 보혈로서 승리는 내 것일세.

일심으로써 힘써 싸우세 일심으로 힘써 싸우세
악한 마귀 군대들과 힘써 싸워서 승전고를 울릴 때까지.(요 16:33)

"이것을 너희에게 이름은 너희로 내 안에서 평안을 누리게 하려함이라 세상에서는 너희가 환난을 당하나 담대하라 내가 세상을 이기었노라 하시니라."

상 주시는 하나님

히 11:6,
믿음이 없이는 기쁘시게 못하나니 하나님께 나아가는 자는 반드시 그가 계신 것과 또한 그가 자기를 찾는 자들에게 상 주시는 이심을 믿어야 할지니라.

히 11:10,
이는 그가 하나님이 계획하시고 지으실 터가 있는 성을 바랐음이라.

- 항상 하늘을 보아야 하며, 새 예루살렘을 사모하고, 거기에서 받을 면류관을 기대하며 지내야 합니다.

아브라함은 새 예루살렘을 미리 보았습니다. 바울은 삼층천에 미리 다녀왔으며 그의 소망은 신속히 하늘나라로 가기를 원했습니다.
면류관은 누가 쓸까요? 왕이 쓰고, 마라톤 우승자가 쓴다. 미스코리아가 쓰는데 면류관은 명예의 상징, 존귀의 상징, 특혜의 상징이다.
주님은 성도들에게 존귀한 면류관을 준비해놨기 때문에 모든 분들이 하늘의 면류관을 쓰는 사람들이 되시기를 바랍니다.

주님의 나라에서 쓰는 면류관의 종류는 다음과 같다.

1. 금 면류관

계 4:4/"또 보좌에 둘려 24 보좌들이 있고 그 보좌들 위에 24 장로들이 흰옷을 입고 머리에 금 면류관을 쓰고 앉았더라."

24 장로들은 어떤 사람들이기에 금 면류관을 쓰고 있을까요?
24 장로들은 신구약에서 구원받은 성도들을 대표하는 사람들입니다.
(구약 12지파 신약 12사도)
금 면류관은 세상을 믿음으로 이긴 구원받은 성도들이 받는 면류관입니다.

시 21:1, 3/ "여호와여 왕이 주의 힘을 인하여 기뻐하며 주의 구원을 인하여 크게 즐거워하리이다 주의 아름다운 복으로 저를 영접하시고 정금 면류관을 그 머리에 씌우셨나이다."

구원의 믿음을 끝까지 지켜 세상을 승리하고 하나님 나라에 간 성도들을 영접할 때 각자 머리에 금 면류관을 씌워 주며 새 예루살렘 성으로 영접 할 때 얼마나 가슴이 설렐까요?

예) 미스코리아는 1년 동안만 쓰는 면류관을 받을 때도 감격의 눈물을 흘리는데 우리들은 미스천국은 영원히 쓰는 금 면류관을 받을 때 얼마나 황홀하겠습니까!
이 영광스러운 영광을 위하여 세상의 핍박과 고난이 와도 믿음으로 승리하면서 배신하지 않는 금 같은 믿음을 지키며 천국 문에 들어갈 때 주님께서 영접하시고 금 면류관을 씌워 주실 것입니다.

구원의 금 면류관을 쓰려면 지금 확인합시다. 어떻게 확인할까요?

고후 13:5/"너희는 믿음 안에 있는가. 너희 자신을 시험하고 너희 자신을 확증하라 예수 그리스도께서 너희 안에 계신 줄을 너희가 스스로 알지 못하느냐 그렇지 않으면 너희는 버림받은 자니라."

(내 안에 예수님이 없다면 있는지 없는지 지금 시험해 보고 확증해야 한다)

- 자신의 구원을 시험해 본 후에, 자신의 구원을 확증해야 한다.

나는 정말 구원의 믿음이 있는가?

구원의 믿음은 있는가, 없는가?

구원을 받았으면 있고, 구원을 받지 못했으면 없습니다. 여러분 개개인에게 묻고 싶습니다. 오늘 세상을 떠나면 천국 갈 확신이 정말 있는가요?

구원의 믿음이 없는 분들, 만일 없으면 이제 예수님을 나의 구세주로 나의 하나님으로 영접하고 구원받아야 하며 성경적인 구원관이 정립되어야 믿음이 잘 성장 할 수 있습니다. 구원받은 자만이 24장로들이 쓰는 금 면류관은 쓸 수 있습니다.

계 13:13/"또 내가 들으니 하늘에서 음성이 나서 가로되 기록하라 지금 이후로 주 안에서 죽은 자들은 복이 있도다. 하심에 성령이 가라사대 그러하다 저희 수고를 그치고 쉬리니 이는 저희의 행한 일이 따름이라 하시더라."

그래서 구원의 믿음을 잘 지켜 예수님을 가룟 유다처럼 물질을 사랑하다 예수님을 배신하지 말고 시간의 주인 물질의 주인 인생의 주인이신 예수님을 마음의 주인으로 모실 때 그날 새 예루살렘에서 변치 않는 금 면류관을 받아쓰고 하나님께 영광을 돌리는 성도들이 될 수 있습니다.

2. 생명의 면류관

약 1:12/"시험을 참는 자는 복이 있도다. 이것에 옳다 인정함을 받은 후에 주께서 자기를 사랑하는 자들에게 약속하신 생명의 면류관을 얻을 것임이니라."

생명의 면류관은 어떤 사람이 받을까요?
- 시험을 참는 자와
- 죽도록 충성한 성도가 받는 면류관입니다.

1) 시험을 참되 어느 때까지 시험을 참아야 하는가?
주님께서 옳다고 인정하실 때까지 참아야 한다고 하셨다. '네가 시험을 잘 참는구나' 하시며 주님이 감탄하실 때까지 참고 이겨야 하는 것이다.

각 사람의 믿음대로 참고 주님이 옳다고 인정하시는 때까지 참는 사람이 될 때에 생명의 면류관을 받게 됩니다.

그럼, 시험을 이기는 방법은 뭘까요? 믿음을 가지고 참는 일 밖에는 없습니다. 수단과 요령을 피어 시험을 피하면 생명의 면류관을 소유할 수 없습니다.

"미쁘다 이 말이여 우리가 주와 함께 죽었으면 또한 함께 살 것이요, 참으면 또한 함께 왕노릇 할 것이요, 우리가 주를 부인하면 주도 우리를 부인하실 것이라."(딤후 2:11)

잘 참고 인내할 때에 면류관을 쓰고 왕노릇 할 수 있다는 것을 알고 시험을 참고 이김으로 생명의 면류관을 받아쓰는 성도가 되어야 합니다.

2) 죽도록 충성하는 자에게 생명의 면류관을

계 2:10/"네가 죽도록 충성하라 그리하면 생명의 면류관을 네게 주리라."

죽도록 충성한다는 말은 정말 죽으라는 말씀이 아니라 남들은 모르는 충성, 주님만 아시는 외로운 충성을 말합니다. 주님만이 아는 고통과 훈련의 시간을 많이 소유한 자가 진실로 죽도록 충성된 자들입니다.
우리가 주님께 죽도록 충성할 때 행복하게 살며 생명의 면류관이 주어집니다.
성도들은 면류관 하나 받은 것으로 만족하지 말고 많은 면류관을 받도록 더욱 열심히 충성하셔서 믿음을 지켜서 면류관 받고, 시험을 참고 죽도록 충성하여 생명의 면류관도 받아야 합니다.

3. 의의 면류관

딤후 4:6-8/"관제와 같이 벌써 내가 부음이 되고 나의 떠날 기약이 가까웠도다. 내가 선한 싸움을 싸우고 나의 달려갈 길을 마치고 믿음을 지켰으니 이제 이후로는 나를 위하여 의의 면류관이 예비되었으므로 주 곧 의로우신 재판장이 그날에 내게 주실 것이니 내게만 아니라 주의 나타나심을 사모하는 모든 자에게니라."

사도 바울은 30여 년을 모든 고난과 고생을 하면서 사명의 달려갈 길을 달려갈 때 전도자의 사명을 감당하면서 매도 많이 맞고 죽을 경험과 감옥과 고난을 많이 겪었습니다.

"내가 수고를 넘치도록 하고 옥에 갇히기도 더 많이 하고 매도 수없이 맞고 여러 번 죽을 뻔 하였으니 유대인들에게 사십 이세 하나 감한 매를 다섯 번 맞았으며 세 번 태장으로 맞고 한 번 돌로 맞고 세 번 파선하고 일주야를 깊은 바다에서 지냈으며 여러 번 여행하면서 강의 위험과 강도의 위험과 동족의 위험과 이방인의 위험과 시내의 위험과 광야의 위험과 바다의 위험과 거짓 형제 중의 위험을 당하고 또 수고하며 애쓰고 여러 번 자지 못하고 주리며 목마르고 여러 번 굶고 춥고 헐벗었노라."(고후 11:23-29)

이러한 수고를 한 바울이 결국 순교의 피를 뿌리며 죽음을 당할 날을 바라보면서 사명의 길을 달려온 자에게 주시는 의의 면류관을 바라보면서 얼마나 기뻐한지 아십니까?

자신을 속이지 말라

약 1:22,
너는 말씀을 행하는 자가 되고 듣기만 하여 자신을 속이는 자가 되지 말라.

- 성숙한 신앙의 평가 기준은 말씀에 대한 순종입니다.

하나님께 흠 없는 양으로 드리기로. 맹세하고는 흠 있는 것으로 드리므로 자신을 속이고 아나니아와 삽비라 부부도 온전히 드리기로 했는데 물질을 보고는 일부만 드려 자신과 부인이 같은 날 죽임을 당하는 일이 생겼습니다.

우리는 일상에서 누군가를 향해서, "저 사람은 믿음은 좋은 것 같은데 인격은 별로야," 라고 평하는 말을 종종 듣습니다. 말과 행동, 믿음과 행함이 일치하지 않는 성도의 생활을 안타까운 마음으로 바라볼 때가 많습니다.

본문은 이 문제에 대한 해결책을 제시하고 있습니다.

1. 말씀을 잘 들어라

믿음은 들음에서 나며 들음은 그리스도의 말씀으로 말미암습니다(롬 10:17). 말씀을 듣되 듣기는 빨리 하고, 마음에 심어진 말씀을 온유함으로 받으라고 권면하고 있습니다.

2. 말씀을 잘 실천하라

말씀을 듣고 잊어버리는 자가 되지 말고 실천하는 자가 되라고 합니다. 이런 사람은 복을 받을 것이라고 분명하게 선언합니다(약 1:25). 복은 어쩌다가 오는 것이 아니라 본질적으로 내가 실천함으로 옵니다.

3. 말하기를 더디 하고, 성내기도 더디 하라

신앙의 성숙은 언어생활에서부터 시작된다고 할 수 있습니다. 신앙심이 좋다면서 남에게 상처 주는 말이나 실족시키는 말을 한다면 그는 신앙이 좋은 것이 아닙니다. 그래서 성경은 자기 혀에 재갈을 물리라고까지 했습니다.

성내는 것도 조심해야 합니다. 성내는 사람은 하나님의 의를 이루지 못한다고 가르치고 있습니다(약1:20).

화를 잘 내는 것은 결코 성숙한 사람의 모습이 아닙니다. 하나님의 말씀을 듣고 "그거 참 좋은 말씀이네요." 하면서 실천하지 않으면 아무 일(변화)도 일어나지 않습니다.

말씀을 지켜 행하여 자신의 삶에 복된 날들을 만들어갈 수 있기를 간절히 소망합니다.

- 하나님, 주님의 뜻이 하늘에서 이루어진 것 같이 오늘 나에게도 이루어지게 하옵소서. 주의 말씀을 지켜 행하게 하시고, 듣기는 속히 하되 말하기와 성내기는 더디 하게 하옵소서. 그래서 하나님의 의를 이루는 복된 날 되게 하옵소서.

믿음의 기도

약: 5:15-16,
15, 믿음의 기도는 병든 자를 구원하리니 주께서 그를 일으키시리라. 혹시 죄를 범하였을지라도 사하심을 받으리라.
16, 그러므로 너희 죄를 서로 고백하며 병이 낫기를 위하여 서로 기도하라. 의인의 간구는 역사하는 힘이 큼이니라.

- 믿음의 기도는 병든 자를 구한다고 약속해 주셨습니다.

창조주 하나님께서 우리를 치료하사 은혜로 승리케 하시는 건강한 새해가 되기를 소망합니다.
성경은 하나님께서 우리를 치료하시는 은혜를 기록하고 있습니다.
성경에서의 치유는 구속적인 은혜와 그 은혜의 표현이라는 말씀입니다. 그리고 또한 기도는 치유의 시금석입니다.

병들었으면 기도해야 합니다.
그러면 창조주 하나님은 치유하십니다.
성도는 기도하고, 의사는 처방하고, 하나님은 치유합니다.
기적은 이렇게 일어납니다.

엘륭 교수는 "치유란 언제나 육체적인 동시에 영적이다." 라고 말했습니다. 하나님의 치유는 전인적인 치유로 완전한 치유이며 회복이 되게 하십니다.
인간은 하나님의 형상대로 창조된 존재입니다.(창 1:26) 이 말은 곧 치유란 하나님의 형상대로 회복되는 것을 의미합니다. 치유는 인간이 육체적으로, 정신적으로 영적 혹은 사회적인 질환으로부터 하나님의 형상으로 회복됩니다.

치유는 온전히 만드는 일, 다시 회복하는 일이 됩니다.
하나님의 치유는"
생의 위기나, 시험을 이기게 하고,
도덕적 결함을 고치며,
본성적, 후천적 모든 결함이나 와해 등을 회복시키며,
완전케 하고, 유지하며, 인도하는 총체라고 하겠습니다.

오늘, 전심으로 기도하실 때 놀라운 치유의 역사가 일어날 것입니다. 치유하시는 주님의 손길이 함께 할 것입니다. 그렇습니다. 치유된다는 믿음의 기도는 병든 자를 구원합니다. 주께서 그를 일으켜 주십니다.
혹시 죄 때문에 병이 들었다고요, 용서하심을 받게 됩니다. 우리는 죄를 서로 고백하며 병이 낫기를 위하여 서로 중보 해야 합니다.

믿는 자는 의인입니다. 믿는 자인 의인의 간구는 역사하는 힘이 커서 기적이 반드시 일어납니다. 기도가 가장 강력한 치유비결입니다. 말씀의 약을 먹으면서 전심으로 믿음으로 기도하면 기적이 일어납니다.

그런즉 우리 모두 하나님 말씀에 의지하여, 오늘 주의 이름으로 전심으로 기도함으로 치유의 역사가 불같이 일어나는 가운데, 병마로부터 해방되며 건강을 회복하는 강건함의 은혜가 충만하길 주의 이름으로 기도합니다.

- 오늘, 예수 그리스도의 이름으로 그대에게 하나님의 전인치유가 이루어질지어다!

창조주 하나님의 치유가 하나님의 은혜로 우리들 모두에게, 영육 간에, 풍성히 이루어지길 치유하시는 예수님의 이름으로 간절히 축복합니다. 이 하루도 말씀을 적용하여 잠깐이라도 신령과 진정으로 창조주 하나님께 믿음으로 기도하십시오,

- 나 여호와는 너희를 치료하는 야훼.
우리의 연약함과 질고를 담당하신 예수 그리스도의 치료의 능력을 의지 하세요. 그가 찔림은 우리의 허물을 위함이요 그가 상함은 우리의 죄악을 인함이라 그가 채찍을 당하므로 우리가 나음을 입었음이라.
오늘 이 하루도 건강을 확인하시기 바랍니다.
그러면 참으로 삶의 범사에 영육 간에, 놀라운 역사가 일어날 것입니다.

생명의 씨

벧전 1:23,
너희가 거듭난 것은 썩어질 씨로 된 것이 아니요 썩지 아니할 씨로 된 것이니 살아 있고 항상 있는 하나님의 말씀으로 되었느니라.

요 6:35,
예수께서 가라사대 내가 곧 생명의 떡이니 내게 오는 자는 결코 주리지 아니할 터이요 나를 믿는 자는 영원히 목마르지 아니하리라.

- 하나님의 은혜를 알고 그 기쁨 가운데 있을 때 창조주 하나님의 위대한 도구가 됩니다.

'천로역정'을 쓴 존 번연은 어느 날 우연히 할머니 몇 사람이 양지에서 햇볕을 쪼이며 이야기하는 것을 듣게 되었습니다.
할머니들은 기쁨이 가득 찬 얼굴로 하나님께서 얼마나 자기에게 은혜를 베풀어 주셨는지를 이야기하고 있었습니다.

이야기를 듣고 있던 존 번연은 그 순간 가슴이 뜨거워져 그 자리에 엎드려 기도했으며 새 사람이 되는 확실한 경험을 하였다고 합니다. 그의 위대한 신앙의 문학은 바로 그 기쁨에서부터 비롯되었다고 할 수 있습니다.

하나님은 예수 그리스도를 구주로 영접하면 하나님의 자녀가 되고, 영적 출생으로 다시 말하면 새 생명으로 거듭남을 얻게 하셨습니다. 이는 교회출석이나, 모태신앙으로 얻어지는 것이 아니라, 오직 창조주 하나님의 약속된 말씀과 성령님으로 이루어집니다. 그러므로 창조주 하나님을 믿고 주 보혈의 구속함의 속죄로 거듭나는 것 외에는 새 생명을 얻을 수 있는 길은 아무것도 없습니다.

거듭나기 전 우리는 허물과 죄로 죽었으나(엡 2:1,4:18) 하나님이 살리셨습니다. 그런즉 하나님께서 우리를 거듭나게 하십니다. 이 거듭남은 물과 성령으로만 되며(요 3:6) 이 사람이 영생복락 창조주 하나님의 나라에 들어갑니다.(요3:3,5)

이는 창조주 하나님의 말씀으로 되며(벧전 1:23)
오직 예수 그리스도를 영접함으로만 됩니다.(요 1:12)
그리스도 안에 있게 되고 새 피조물, 새 존재가 되며, 새 생명을 얻습니다.(고후5:17)

이런 사실은 한마디로 우리들 인생여정에 크나 큰 기쁨이 아닐 수 없습니다. 그리스도인은 주 안에서 영, 혼, 육, 거듭남의 변화를 맞이하여 하나님의 자녀로서의 영생복락 특권을 누리게 되었으니 신앙생활에 남다른 기쁨이 있습니다.

신앙생활의 기쁨은 억지로 쟁취한 것이 아니라 하나님의 말씀 안에서 주어진 것입니다.(벧전 1:23) 그런즉 하나님 자녀 된 사람은 버림받은 자가 아니라, 이제 창조주 하나님께 기억된 존재요, 찾아진 존재요, 주님 안에서 새로운 존재로, 새 생명을 누리는 존재가 되었습니다.

광야 같은 이 세상에서 주 안에 있으면 그곳이 바로 가나안이요. 천국의 기쁨을 누리는 곳이므로 성도들 각자에게 주님께서 주시는 거듭남, 구원의 은총을 더욱더 풍성히 받는 가운데, 그 은혜로 예수 그리스도 안에서 더욱 큰 영생복락의 새 기쁨을 복되게 누리는 주인공 되기를 예수님의 이름으로 축복합니다.